インタラクションと学習

ひつじ研究叢書〈言語編〉

第120巻 長崎方言からみた語音調の構造　　　　　　　　　　　松浦年男 著
第121巻 テキストマイニングによる言語研究　　　　　岸江信介・田畑智司 編
第122巻 話し言葉と書き言葉の接点　　　　　　　　　　石黒圭・橋本行洋 編
第123巻 パースペクティブ・シフトと混合話法　　　　　　　　山森良枝 著
第124巻 日本語の共感覚的比喩　　　　　　　　　　　　　　　武藤彩加 著
第125巻 日本語における漢語の変容の研究　　　　　　　　　　鳴海伸一 著
第126巻 ドイツ語の様相助動詞　　　　　　　　　　　　　　　髙橋輝和 著
第127巻 コーパスと日本語史研究　　　　近藤泰弘・田中牧郎・小木曽智信 編
第128巻 手続き的意味論　　　　　　　　　　　　　　　　　　武内道子 著
第129巻 コミュニケーションへの言語的接近　　　　　　　　　定延利之 著
第130巻 富山県方言の文法　　　　　　　　　　　　　　　　小西いずみ 著
第131巻 日本語の活用現象　　　　　　　　　　　　　　　　　三原健一 著
第132巻 日英語の文法化と構文化　　　　　　秋元実治・青木博史・前田満 編
第133巻 発話行為から見た日本語授受表現の歴史的研究　　　　森勇太 著
第134巻 法生活空間におけるスペイン語の用法研究　　　　　　堀田英夫 編
第136巻 インタラクションと学習　　　　　　　　柳町智治・岡田みさを 編
第137巻 日韓対照研究によるハとガと無助詞　　　　　　　　　金智賢 著
第138巻 判断のモダリティに関する日中対照研究　　　　　　　王其莉 著
第139巻 語構成の文法的側面についての研究　　　　　　　　　斎藤倫明 著
第140巻 現代日本語の使役文　　　　　　　　　　　　　　　早津恵美子 著
第141巻 韓国語citaと北海道方言ラサルと日本語ラレルの研究　円山拓子 著
第142巻 日本語史叙述の方法　　　　　　　　　　　大木一夫・多門靖容 編
第144巻 文論序説　　　　　　　　　　　　　　　　　　　　　大木一夫 著
第145巻 日本語歴史統語論序説　　　　　　　　　　　　　　　青木博史 著
第146巻 明治期における日本語文法研究史　　　　　　　　　　服部隆 著
第147巻 所有表現と文法化　　　　　　　　　　　　　　　　　今村泰也 著

ひつじ研究叢書
〈言語編〉
第136巻

インタラクションと学習

柳町智治・岡田みさを 編

ひつじ書房

序
相互行為としてのコミュニケーションと学習

　本書に収められている論文に共通しているテーマは、人々の日常的なやりとりを観察し記述すること、そして、そこに起きている広義の学習の問題を考えることである。会話分析やエスノメソドロジーでは、学習を相互行為として捉え、「説明可能な、公的に示された、ローカルな事情に埋め込まれた」ものとして扱う（Mori and Yanagimachi 2015）。その際、相互行為としての学習を記述する方法として、「参加者自身が相互行為の中でどのように学習活動を構築し組織化しているか」（Firth and Wagner 2007）を問いかける。つまり、どのような形で、指示やそれに従うといった行動が表層の、観察可能なレベルで行われているのかを問うのである。

　参加者による学習活動の構築を示す例として、たとえば、Lindwall and Ekström（2012）は、手芸（かぎ針編みのチェーン・ステッチ）のレッスンで起こる「教師によるデモンストレーションと生徒による模倣」および「模倣に続いて起こる、教師による生徒個人へのさまざまな形の訂正」という連鎖の分析を通して、デモンストレーター（教師）と模倣する参加者（生徒）がいかに学習活動の構築に志向しているかを詳らかにしている。連鎖や活動構築に志向した振る舞いとは、たとえば、デモンストレーションを行う教師が、生徒に見えるところでその行為をするといった行動を指す。これは、「示すという自らの行動」が「生徒によって模倣の手本として受け取られるもの」と教師が取り扱っていること示している。この時、教師は自らの「見せる行為」の次に何が起こるかを考慮した振る舞いをしているという点で、その時の連鎖に志向していると考えられる。

　学習活動を構築する連鎖への参加者による志向については多く先行研究が行われているが、中でも Lindwall and Ekström（2012）

の分析が学習という面で特に興味深いのは、デモンストレーター（教師）がその場の活動の詳細（その時の訂正の相手は間違いをした個人なのか、全体なのか、訂正対象である相手と自分の距離は近いのかなど）に合った形で指示や訂正をデザインする点である。たとえば、デモンストレーターは、ステッチを示す際、それを見ている相手が生徒全体（複数）の場合は、全員がよく見え理解できるように、声を上げ、見やすい位置で、数ステッチずつに区切ってデモンストレーションを行う。また、生徒による模倣のあとで、一人の生徒の間違いによって誘発された訂正を、本人だけでなく全員の生徒を対象にして行う場合は、全体に見えるような位置に自分の手を配置しながらも、その間違いをおかした生徒が自分の方を見るのを待ってから、実際の訂正のデモンストレーションを行ったりする。あるいは、訂正を行う相手が全体でなく個人の場合には、糸を手に巻き付けている生徒の手を直接導いて糸のたるみ具合を調整するなど、至近距離だからこそ可能となる訂正のデザインを用いる。この場合はお互いの行動の理解が言語だけでなく、糸という人工物やそれを引っ張る手の力加減などによっても達成されるという。まさにMondada（2011）が指摘するところの「活動に特有の理解達成の方法」がここには見られる。その場のローカルな特定の事情に合った方法で、「デモンストレーション」や「訂正」が組織化され、学習活動が構築されるのである。

　本書所収の論文はすべてが会話分析やエスノメソドロジーを方法論として、あるいは上述したような狭義の学習場面を分析の対象としてとりあげているわけではない。しかし、これらの論考に通底するのは、日常における人々の活動において、母語あるいは第二言語による相互行為を通してどのように互いの理解が達成され当事者の学習活動が組織されているのか、それを捉えようとする視座である。寄稿者の多くは外国人に対する日本語教育に従事しているが、本書中の分析と考察は、コミュニケーションにおける相互理解と学びを個人の皮膚下で起きる心理的認知的なものとして扱ってきた従来の言語教育観をインタラクションと学習の本来の姿に寄り添って組み直してはどうかという重要な提言を行っている。たとえば、近年盛

んに議論されている、能力記述文の集積である各種スタンダードを言語能力の評価の物差しとして使用することをどう捉えたらよいのだろうか。各種スタンダードは学習者の言語能力を手軽に測定比較可能とする教育的ツールとして普及しつつある。しかし、本書所収の論文が我々の眼前に差し出すのは、人々の言語コミュニケーションとその能力を個別の、刻々と変化していく文脈と活動から切り離された形で把握することがはたして可能なのかという根本的疑念である。むしろ、言語とその能力とは、常に実践に埋め込まれており、同時にインタラクティブに組織化されているはずである。この事実に即して言語の教育と学習を考えていくこと、それこそが研究者と教育実践者が手を携え目指していくべき方向と言えるだろう。

柳町智治・岡田みさを

参考文献

Firth, Alan and Johannes Wagner (2007) Second/Foreign language learning as a social accomplishment: Elaborations on a reconceptualized SLA. *Modern Language Journal*, 91: pp.800–819.

Lindwall, Oskar and Anna Ekström (2012) Instruction-in-interaction: The teaching and learning of a manual skill. *Human Studies*, 35(1): pp.27–49.

Mondada, Lorenza (2011) Understanding as an embodied, situated and sequential achievement in interaction. *Journal of Pragmatics*. 43: pp.542–552.

Mori, Junko and Tomoharu Yanagimachi (2015) Artifacts, gestures, and dispensable speech: Multimodality in teaching and learning of a biology laboratory technique. In Koike, Dale and Carl S. Blyth (eds.) *Dialogue in Multilingual, Multimodal Communities*, pp.221–251. Amsterdam: John Benjamins.

　本論は「国立国語研究所共同研究プロジェクト（領域指定型）日本語を母語あるいは第二言語とする者による相互行為に関する総合的研究」（平成23年10月〜26年9月、代表 柳町智治）の成果の一部である。

目　次

序　相互行為としてのコミュニケーションと学習　　　　　　v

第1章　不平の連鎖における受け手の「セリフ発話」
　　　　　　　　　　　　　　　　　　　　山本真理　　1

第2章　「からかい」連鎖の構造と相互行為における環境
　　　　　　　　　　　　　　　　初鹿野阿れ・岩田夏穂　25

第3章　「女の子パンチ」にみる
　　　　ジェンダーカテゴリーの相互行為的意味　岡田みさを　43

第4章　ITメディアと相互行為
　　　　第二言語で遂行するプロジェクト型学習場面の一考察
　　　　　　　　　　　　　　　　　　　　池田佳子　77

第5章　日本語学習者と日本語母語話者の口頭発表における
　　　　言語形式以外のリソース使用
　　　　「注釈挿入」を取り入れた授業実践をもとに
　　　　　　　　　　　　　　　　舩橋瑞貴・平田未季　103

第6章　LINEのビジュアルコミュニケーション
　　　　スタンプ機能に注目した相互行為分析を中心に
　　　　　　　　　　　　　　　　岡本能里子・服部圭子　129

第7章　日本語教育におけるピア・ラーニングの意義と課題
　　　　メタ・エスノグラフィーによる質的研究の統合　義永美央子　149

　執筆者一覧　　　　　　　175
　索引　　　　　　　　　　179

会話文字化記号の凡例

[	発話や非言語行動の重なりの始まる点
]	発話や非言語行動の重なりの終わる点
(.)	0.1秒ほどの短い沈黙
(数字)	沈黙・間合い。0.1秒単位
-	発話の言いさし
=	前後の発話間に間がないことを示す。
,	発話が続くイントネーション
.	発話が終わるイントネーション
?	上昇イントネーション
:	音の伸ばし。コロンの数は引き延ばしの相対的な長さに対応している。
↑	直後の部分で音が高くなっていることを示す。
↓	直後の部分で音が低くなっていることを示す。
文字'	直前の部分で音が飲み込まれて発音されていないことを示す。
文字	強調されて発話されている部分
°文字°	音が弱くなっている部分
英大文字	音が大きくなっている部分
h	hhは呼気音を示す。hの数はそれぞれの音の相対的な長さに対応している。
(h)	発話中の呼気音
.h	.hhは吸気音を示す。.hの数はそれぞれの音の相対的な長さに対応している。
¥文字¥	笑い声で発話されている部分
<文字>	発話がその前後より遅くなっている部分
>文字<	発話がその前後より速くなっている部分

( )	聞き取り困難な部分
(文字)	聞き取りが確定できない部分
(( ))	著者のコメントおよび非言語行動の説明
→	分析の焦点となる行

第1章
不平の連鎖における受け手の「セリフ発話」
山本真理

1. はじめに　セリフ発話と本稿で扱う現象

　筆者はこれまで、過去の出来事が語られる場面における、受け手の特徴的な反応の仕方に注目してきた。それは、語りの内容を知らないはずの受け手が物語の登場人物になりきる次の16行目のような発話（以下、「セリフ発話」山本（2013））である。

断片（1）【CallFriend 1722】
```
11   由紀: 最初アシかと思ってたんだけどhh [hh
12   愛子:                                 [hh
13   由紀: ママが(.)代償高くなんないうちにやめなさいよあなたh [hhhh
14   愛子:                                                    [hhhhhh
15   由紀: えっ.h
16→  愛子: hhhhでも好きんなっちゃったし [::みたいな
17   由紀:                              [い::もう-
18   由紀: もうこっちのもんだし [hhh
19   愛子:                      [hhhhh
```

　この断片において、由紀は恋人について語っている。11行目で「最初アシかと思ってたんだけど」と由紀は、恋人と交際を開始した当初、その彼を単に車で送り迎えをしてくれる便利な男性（＝「アシ」）としか思っていなかったことを明かす。続く13行目で、「代償高くなんないうちにやめなさいよあなた」と、そのような不当な付き合いをやめるよう、母親から忠告を受けていたことを明かす。由紀は、笑いによってそうした母親の忠告を笑うべきものとして取り扱う。そして、母親の忠告をすぐには受け入れられないこと

を「えっ」(15行目)と「とぼける」ことをして見せることで示す。

　注目したいのは、次の16行目の受け手の愛子の発話である。愛子は由紀の発話を笑いで受け止めた後に「でも好きんなっちゃったし::」(16行目)と発話する。これはそれまで笑うことによって物語の受け手として振る舞っていた愛子が、物語の登場人物(ここでは由紀)になりきってセリフを発しているように見える。そして、こうした発話は、形式的な特徴や音調、発話の位置などによって、参入する直前の由紀の「えっ」と同様、「母親の忠告」に対する由紀の正直な想いの吐露として聞くことができる。

　この発話によって受け手は直前の語り手の「えっ」という一言だけでは明示されていない物語の重要な点を詳細化している。つまり、「由紀がなぜその彼との付き合いをやめる気がないかの理由」を明示している。筆者はこうした物語の登場人物になりきったような受け手の演技的な発話をセリフ発話とよび、物語の語り手と受け手の相互行為的な構築における受け手の貢献という観点から、発話の形式・産出位置の特徴の記述を試みた[*1]。加えて、セリフ発話が英語の会話データ(Holt 2007)と同様「冗談を言う」環境に多く現れ、セリフ発話を起点として冗談の連鎖が拡張され、会話が盛り上がる1つの契機となっていることを述べた。

　一方、本稿ではそうしたセリフ発話の研究の途上で明らかになったセリフ発話が出現するもう1つの重要な環境[*2]を取り上げる。それは、語り手が出来事の中の人物、事態、もの、状況などを「否定的なものとして述べる」(以下、不平の連鎖(complaint sequence))環境においてセリフ発話が頻繁に観察されるという点である。セリフ発話は以下の断片(2)の53行目、断片(3)の42行目、断片(4)の20行目である。

断片(2)【アイメイク】Data2

40　M: ¥なんか¥［こⅰうh褒(h)め(h)た(h)り(h)　］とhかhなhんhかh
41　H:　　　　　［HUHUHUhahahahahahahaha］
42　M: HAHA［hahahahahaha［すごい　］ほっとかれっぷりでしたhuhu
43　T:　　　　［hahahahahaha［(　　)］

((6行略))
50 　　(1.0)
51 M: フィリピーナみたいだね!(.)おわり!
52 H: ↓ん［↑::なるほど［::
53→ T: 　　　［ん:　　　　［huhu¥え::とってよ¥み(h)た(h)い(h)［な(h)］
54 M: 　　　　　　　　　　　　　　　　　　　　　　　　　　　［huhu］

断片（3）【バス3】Data2
35 M: その人も来て.hもう(.)車掌権限でお前はそこの席からどけろって
36 M: 言ったらもうほんとに怒っちゃって［(.)私に聞いてきて
37 H: 　　　　　　　　　　　　　　　　［ああ:
38 M: お前もh俺が隣で［嫌か　　［みたいな=
39 H: 　　　　　　　　［↑嫌っ　［や:( )
40 M: =［hahaha［hahahahahaha
41 T: =［HAHAHA
42→ H: 　　　　　［そんな::haha私に委ねないで
43 M: .h¥私に¥委(h)ね(h)な(h)い(h)で(h)っ(h)て(h)

断片（4）【はんこ】Data12
12 すず:［手術のなんか］(.)
13 由衣:［大変::　　　］
14 すず: はんこ¥押してくださいと［か言われて¥
15 孝子: 　　　　　　　　　　　　［いhやh［.h
16 五月: 　　　　　　　　　　　　　　　　［や［:::
17 すず: 　　　　　　　　　　　　　　　　　　［huhu
18 すず: ¥それどこ［ろじゃないんですけど］みたいな¥=
19 五月: 　　　　　［それどころじゃないね:］
20→ 孝子: =誰か押しといて((演技がかった口調で))［( )hhh
21 すず: 　　　　　　　　　　　　　　　　　　　［そ 二分の隙間の
22 すず: 合間をぬってサインしてください¥みたいな¥hhh

　　　この事例群の最大の特徴は、笑いが伴われているという意味にお

いて語りが冗談として組み立てられつつも、セリフ発話が産出される契機となる（詳細は後述）直前の語り手の演技的な発話が、報告する出来事に対するなんらかの（語り手の）否定的態度を示しているという点である。つまり、語り手は語りの中のある事柄について不平を述べているものとして聞き得る形で発話を産出している。そして、実際に受け手はその否定的態度に寄り添う形で、反応を示している。その受け手の反応に用いられているのが、本稿が対象とする受け手によるセリフ発話である。具体的に事例を見てみよう。

　断片（2）では、Mが語り手でTとHはその受け手である。語り手Mがある国で現地女性らに濃いアイメイクをされたものの、賞賛されることも否定されることもないまま放置されたことを語る。その中で語りの中心的な発話とも言える演技的な発話が産出される（51行目）。この語り手の発話は、その批判に値する現地女性らへの語り手の態度を表す決定的な発話として聞くことができる。そして、それに対する反応のような形で、受け手の1人のTが「え::とってよみたいな」（53行目）と語りの中のMがメイクをとってほしかったと訴えているような反応を示す。断片（3）では、Mが語り手でHが受け手である。Mはある国のバスの中で起こった出来事について語る。Mは乗客の1人がMに判断を迫るある場面に直面したことを演技的な発話を用いて報告する（38行目）。それに対する反応のような形で、Hは「そんな::私に委ねないで」（42行目）と発話する。断片（4）では、すずが語り手で孝子が受け手である。この断片においてすずは、自らの出産の体験について語り、長時間の陣痛に苦しんでいる最中に、急遽決まった帝王切開のための承諾書のサインをしなければならなかったことを報告する。すずは陣痛で苦しむ最中に医療従事者が承諾書のサイン（実際にははんこを押すこと）を求めたことに対して、自身がどのように捉えたかを端的に示す（18行目）。その直後の位置で、受け手の1人である孝子が「誰か押しといて」（20行目）と発話する。ここでは断片（2）（3）のように語り手の演技的な発話に「対する」反応としてではなく、同じすずの立場から発話を行っている。しかし、いずれにせよ語り手が語りの焦点を演技的な発話によって詳細化し、その

発話に沿う形で受け手が参入しているという点で断片（2）（3）と共通している。

　本稿では、不平の連鎖がどのように組み立てられるのか、そして、こうした受け手のセリフ発話を用いた参入が、語り手が不平を述べるということとの関連において、どのような相互行為上の機能を果たしているのかを示す。

2. 関連先行研究及び本稿で明らかにすること

　本稿では会話の中である参与者がその場にいない第三者など、何らかの事態に対して否定的態度の表明を行う場面を扱う。これと関連する現象として、不平の連鎖（complaint sequence）が相互行為の観点から様々に記述されてきている（Heinemann and Traverso 2009）*3。会話分析では物語の語り（storytelling）やトラブルの語り（troubles-telling）といった大きな連鎖のまとまりの全体的構造をこれまで明らかにしているが、不平の連鎖についても、これらとの類似点・相違点を踏まえた特徴が提示されている（Traverso 2009）。

　先行研究で指摘されている最も重要な点は、不平を述べるという行為が単に話し手1人の企図の元で成し遂げられるものではなく、その場の参与者が関わる相互行為的な活動であるという点である。我々は話し手が人物や出来事に対して否定的評価を行えば、その受け手は即座にそれが不平として理解すると考えるかもしれない。しかし、実際の相互行為場面においては、不平であることは会話の参加者らが交渉し、共に構築していく極めて相互行為的な活動なのである（Drew and Holt 1988; Schegloff 2005; Drew and Walker 2009; Heinemann and Traverso 2009; Ruusuvuori and Lindfors 2009）。このことは以下の2つの観点から記述されている。

　まず、不平の話し手は最初から「Aさんはとても嫌な人だと思う」などと、話し手自身の他者に対する否定的な態度を明示的に示すことはしない（Drew and Walker 2009: 2405）という点である。不平の連鎖においては、語りが進行する中で、話し手が「不平な事

柄（complainable matter）」をトピック化することを通して、注意深く連鎖を進めたり、不平を協働的に構築していく際に、共－参与者からの参加を確保することが指摘されている（Drew and Walker 2009）。こうした不平を述べる際に、話し手自身の態度を非明示的に示すやり方は、不平の連鎖の1つの特徴と言える（Traverso 2009）。なぜなら、通常物語の語り（storytelling）では語り手は語りの出来事などに対する自身の態度（stance）を何らかの形で明示しながら発話を組み立てるからである（Stivers 2008）。例えば、語りの冒頭で「昨日面白いことがあったんだよね」などと語りに対する態度を明示的にすることによって、これから語る話を受け手がどのように聞くべきかを示すこともある（Sacks 1992、西阪 1995）。このように先行研究では不平を述べることの相互行為性について、話し手がいかに注意深く連鎖を進め、発話を組み立てていくのかについて詳細に記述されている。

　また、不平の話し手によって否定的態度が示された場合、それに対して「受け手」がどのような態度（stance）を示すのかについても記述されている。このとき受け手には「同調する／しない（affiliate/disaffiliate）」反応の選択肢があるという。ただし、この両者の反応のうち「同調的（affiliative）」な反応を行うことの方に「優先性（preference）」（Pomerantz 1984）があることが明らかになっている（Drew and Holt 1988; Drew and Walker 2009; Dersley and Wootton 2000; Drew 1998）。つまり、話し手がある人について「あの人は嫌な人だ」と言うことで第三者へ否定的態度を示したなら、その受け手は「そう思わない」というよりも、即座に「私もそう思う」などと同調するほうが優先性が高い反応として理解されるのである*4。また、不平の連鎖全体における「受け手」の反応のやり方に関して、いくつか具体的な記述がなされている。例えば物語の語りにおいて語り手が非明示的な形で自身の否定的態度を示す方法として、英語では「I thought」（Haakana 2007）、日本語では「みたいな」や「思って」（須賀 2012）のような表現が用いられることがわかっている。語り手はこうした表現を用いて、出来事への態度を示す（Haakana 2007: 161）が、受け手はこうした発話

を物語に対する評価を行う際の一種の評価装置として利用するという（Haakana 2007: 176）。

　しかしながら、不平の連鎖全体を通して、こうした表現を含めて受け手が自身の反応をどのように変化させるのかや、どのような受け手の反応が不平を受け止める決定的なものとして取り扱われているのかについては、（話し手のやり方に比べて）詳細に記述されたものはまだ少ない。本稿では、こうした問題意識のもと、物語の中で語り手が不平として聞き得る否定的態度を示したとき、筆者が注目する受け手の「セリフ発話」という発話形式が受け手が同調的態度を示す際の決定的な役割を担っていることを指摘する。

　以下では、データの概要を提示した後に（3節）、具体的な分析に入る（4節）。分析では冒頭に示した断片（2）を詳細に分析することを通して、不平を述べることが相互行為の中で交渉される活動であり、これが日本語の事例の中でも確認できることを示す。そして、特に受け手が自身の反応をどのように変化させていくのかを記述していく。そのために、まず4.1では、語り手の不平として聞き得る発話がどのように産出されるのか、それに対して受け手がすぐには否定的態度に同調しないことを見ていく。次に4.2では、数度に渡る交渉の末、受け手が同調的態度を示す過程を見ていく。最後の4.3では、語りの収束がどのようになされるのか、それは受け手のどのような反応によって可能となっているのかを見ていく。

3．データ

　以下で中心的に分析する事例は、冒頭で示した断片（2）と同じデータである。これは、筆者がビデオカメラとICレコーダーを使用して収集した自然会話のデータである。データは合計約1時間分の対面会話である。収録においては、研究協力者3名に大学構内の一室に来てもらい、一定時間自由に会話をしてもらった。また、研究協力者3名は全員一定期間の海外での移住経験を持っていることから、話題が途切れたときなど必要に応じて「海外での体験」に関わるくじを引いてもらい、「驚いたこと」「ショックだったこと」な

どの特定のトピックについて話してもらうよう指示した。

4. 不平として聞き得る発話の産出と受け手の反応

4.1 不平の表出と笑いによる受け止め

以下に示す断片は、Mが語り手で、HとTがその受け手である。Mはかつて滞在していたイスラム圏の国において、自身の「アイメイク」の薄さを指摘され、現地女性らにアイメイクをされた経験について述べている。その際、Mの語りの焦点となっていくのはMが現地女性らに濃いアイメイクを勝手に「やられた」にもかかわらず、現地女性らは賞賛するでも否定するでもなくMを「放置」したというエピソードである。つまり、Mは語りを通して現地女性らの自分に対する扱いのひどさに言及しているように見える。そしてそれは「現地女性らの振る舞い」に対する否定的態度の表出として聞くことができる。その一方で、語りは笑いを含みながら笑えるものとしても組み立てられている。実際に受け手は一貫して笑いで反応を示し続けることにより、否定的態度に対して明確に反応をしているわけではない。具体的に見てみよう。

断片（5）【アイメイク】Data2
```
01   M:  hでもその:(.)uhばっちりアイメイクを
02   M:  .h¥私が¥目力弱い弱いって言われて(h)=
03   T:  =HAHA [hahahahahahahahahahahahaha    [HAHAhahahahaha.h.h
04   M:        [¥化粧してるのに¥化粧してないだろ [みたいに言われてh.h.h
05   H:                                        [((口に手をあてて笑う))
06   M:  .h一回やら[れて:]
07   T:           [.h   ]huhu
08   M:  .hhuでやられて(.)↑お::みたいになるならまだい(い)んですけど(0.5)
09   M:  ん::>み(h)[た(h)い(h)な(h)<]
10   T:           [ＨＡＨＡＨＡＨＡ] HAHAHA[ha ha ha    ]
11   H:           [ＨＡＨＡＨＡＨＡ] HAHAHA[ha ha ha    ]
12   M:                                  [自分で¥やっ]といて
```

```
13   M:  みたい［な¥
14   T:      ［.hha.hha［.hha  ］hahahaha［hahahahahahahaha
15   M:               ［HUHU ］
16   H:                        ［写真はありますか=
17   M:  =ないです
18   H:  え［え:::::
19   M:    ［そんとき女の人ばっかりだった［から
20   H:                        ［あ::そっ［か::
21   M:                               ［ん:
```

　冒頭で、Mは自身のアイメイクについて現地女性らから「目力が弱い」（02行目）、「化粧してないだろ」（04行目）と言われ、メイクを「一回やられ」た（06行目）と言う。このときMは自身の体験を否定的なものとして語っていると見ることができる。その理由は次の通りである。第一に、Mは「ばっちりアイメイク」（01行目）とメイクの濃さを強調し、そうしたメイクについて「やられた」という表現を用いて描写する。相手が自分に対して何かをした際、それが喜ぶべきものであればそれは「やってもらった」（04行目）という形式をとることが可能となる。しかし、ここでは受け身の形*5 を使用することにより、当該出来事が喜ぶべきものではなかったことをあえて示しているように見える。第二に、「化粧してない」（04行目）という指摘がなされたことを報告する際に、Mは「化粧してるのに」（04行目）を付加する。それによって、自分にとっては不要な指摘であったという態度を示す。第三に、その濃いアイメイクがなされた後、現地女性らが「お::」（08行目）と感心するのではなく、「ん::」（09行目）という反応がなされたことを対比的に語る。この際、Mは「お::」で声を高く同時に手を叩き賞賛する演技を行うのに対して、「ん::」で首を傾げることで、その反応がアイメイクをしたMに対する否定的ともとれる反応であったことを演技的に示す。このような語りの冒頭における語り手のことばの選択から、現地女性らに対するなんらかの否定的態度が示されているように見える。このことは、それに続く12〜13行目にお

いて演技的な発話を用いて、Mがその出来事に対して（Mが）内心どのように思っていた（ものとして述べている）のかを示す（須賀2012）ことからもわかる。12行目の「自分でやっといて」の「自分」はMのためにアイメイクをした現地女性らのことを指している。また、「やっといて」という発話の後には、「何なの」「褒めてもくれない」といった表現が来うる。通常、他者が自分に対して何かをした際、それが感謝すべきことならばこのような表現を用いることはないだろう。従って「自分でやっといて」は相手に対する何らかの不服、つまり否定的態度の表明として聞くことができる。このように、13行目までの時点で、Mは過去に経験した事態を様々なリソースを用いて不平として理解されることが可能な形で組み立てている。

　しかし、実際には受け手らはそうした語りを笑えるものとして以上には受け取っていない（10〜11行目、14行目）。それは、14行目までの時点で、受け手らが、（少なくとも発話の上では）Mの否定的態度に対して積極的に同調してはいないことからわかる。しかも、その後の16行目でHがMにその時の写真を持っているかどうかについて尋ねることで、語りの報告場面から離れている。ここから、物語が15行目までの「笑い」によって1つの区切りを迎えたと（受け手によって）理解されていることがわかる。

　2節でふれたように先行研究によれば不平が示されたなら、受け手からの同調的／非同調的（affiliative/disaffiliative）な反応が行われることが期待される。そのような観点から考えると、ここまでで、語り手Mにとってみると「現地女性ら」に対する否定的態度は受け手によって特に受け止められず、宙に浮き、共有されることも否定されることもないままとなっていると見ることができる。

　一方で、こうした受け手の反応は、受け手の立場から考えた時に次のように理解できる。この断片において、Mは語りの中の笑うべき出来事に対して否定的態度を示しつつも、あくまでも語り全体は「笑うべき面白い話」として組み立てている。そうした意味において、受け手は「笑うべき面白い話」として語りを適切に取り扱い、それに寄り添う形で「笑い」による反応を行っていると言える。

4.2　受け手の最初の同調的態度の表出

　4.1で指摘したように語り手が示す否定的態度に対し、受け手からの適切な反応が未だ得られていないことは、単に筆者がそう感じるだけではなく、実際にデータによって示されている。21行目までで一旦一区切りをついたように見えた語りが、22行目でMによって再開される。ここでMは、やられた自分のアイメイクがどのようなものであったかを更に描写することをしている。

断片（6）【Data2 アイメイク】（断片（5）の続き）
22 →M: フィリピーナ?みたいになって.=
23 ⇒H:　=いや::(ん)
24 　　(0.4)
25 　T:　hahaha
26 →M:［ん::　］みたい［な　］
27 ⇒H:［これ?］　　　［こん］な
28 　M:　huhu［ha　］.h［.h
29 ⇒H:　　　　［あの　］［はねの
30 　M: あんなの<絶対>できないですよあんな不器用な人たちには.
31 　　(0.6)
((8行略))

　まず22行目でMが語りの再開に用いる発話の組み立てに注意したい。Mは発話の冒頭に直前の語りとのつながりを示すような「だから」「でね」といった接続詞を使用したり、説明的に語りの描写を開始することをせず、演技的に聞かれる発話を直に用いている。それにより、この発話が、直前で区切りを迎えたと見なされた出来事の結末やそれを踏まえた新しい連鎖の開始ではなく、直前で受け手が開始した写真の有無に関するやり取り（16～21行目）が「差し挟まれたもの」として、遡及的に構造化される。なぜこのような構造化が行われるのか。この点について考察するために、「フィリピーナ」ということばの選択とその際に用いられる演技的な発話の音調にふれる。語り手は、この発話を産出する際、笑いを伴うこと

もなく首を傾げながら上昇調で発音する。それにより、その発話が、少なくとも喜ぶことのできない「疑問に感じられるもの」であったことが13行目と同様に再び示唆される。そして、Mが「フィリピーナ」という具体的な国の女性を例としてあげることによって、受け手にとっても、そのメイクがどのようなものであったのかがより明確に想像できるようになる。このことばの選択は、09行目で示した「ん::」という発話がそのメイクを見たことがない受け手にとっては「いやだね」などと同調しにくいことと対照的である。実際に、受け手Hは次の行で「いや::（ん）」（23行目）とそれが喜ばしいものではなかったという態度を理解していることを示す。この受け手の反応は、語り手の語りに対して、初めて笑いではなく否定的態度に寄り添う形で示された反応である。この発話によって、HはMが報告した発話が単に笑うべき面白いものであるだけではなく、拒否を示すことが適切なものとして理解されたことが示される。

　ただし、重要なことはこの「いや::（ん）」が、語られた「アイメイクの出来映え」に対する反応であるという点である。そのため、ここで否定されている事柄が必ずしも13行目までで語り手Mが語ってきた、メイクをした「現地女性ら」に対するものとしては理解されない。つまり、語り手Mの立場から考えると、その「アイメイクの出来映え」に対する否定的態度に賛同が得られているとは理解できても、当初、語り手が語っていたメイクをした「現地女性ら」に対する否定的態度の賛同として理解するには十分な反応とは言えない可能性がある。しかもTは相変わらず笑うのみであり（25行目）、Tのこの笑いは、10行目、14行目で語り手が行った演技的な発話に対するTの反応と同じであるため、語られた出来事がTにとっては未だ面白いもの以上のことは示されていない。

　そうした中で、語り手Mはここで語りを終えることなく、更に現地女性の反応を描写する。Mは「ん::みたいな」（26行目）と首を傾げながら、アイメイクの出来映えに対して、微妙な反応が行われたことを再度示す。この発話は、その発話がアイメイクに対する現地女性らの反応として聞かれる位置、音調、首を傾げるジェス

チャーで示されており、09行目で一度行われた反応を再びやり直しているものとして聞きうる。そして、それはつまり、ここまでで本来09行目に行われるべき受け手の反応が、未だ十分な形で得られていないことを示している。

　しかし、この発話は、Hの別の質問と重なってしまう。27行目でHは目元に手を持っていき左に払うような動きとともに「これ？」「こんな」と発話する。そして、29行目で「あのはねの」と、そのアイメイクが単に濃いのではなく、細かい模様を描くようなものであったのかどうかを尋ねている。この発話からは、HにとってMが強調するそのアイメイクの濃さの理由は、アイメイクをした「現地女性ら」の責任にあるのではなく、「アイメイクのデザイン」にあるものという理解が示される。Hはなぜこの位置において、アイメイクのデザインに言及しているのか。このことは否定的態度に対して同調することが、受け手にとっても慎重さを要する行為であることと関連しているように思われる。つまり、23行目でH自らが示した否定的態度を、その「濃さ」ではなく「デザイン」によるものとすることによって、その責任の所在をメイクを行った「現地女性ら」から、一般的な現地女性らの国でなされているデザイン、つまりそれが受け入れられるか否かという「好み」の問題へとその焦点をずらしていると見ることができる*7。

　しかし、そうしたHの質問を利用する形で、30行目でMは「あんなの絶対できないですよ　あんな不器用な人たちには」と、Hが言う繊細なメイクをすることは現地女性らには難しいことを述べつつ、現地女性らに対する否定的な側面に再び言及する。この時、Mは「あんなの絶対できない」と「絶対」という極端な表現（Pomerantz 1986）を用いる。しかも他者の能力に対して、確信を持って「できない」という表現を用いる。こうした表現に加えて、Mはそう断言できる理由を現地女性らが「不器用な人」であるためだと明言することで、現地女性らに対する否定的態度を明確に示す。先行研究において話し手の否定的態度を明示的に示すような「慣用表現（idiomatic expressions）」（Drew and Holt 1988）や「極端な表現（extreme case formulations）」（Pomerantz 1986）が

用いられることは、受け手からの同調的な反応が得られないことが予測されるような位置においてであり、不平性（complainability）を強めるために用いられることが指摘されている（Traverso 2009: 2393）。つまり、断片（5）（6）で見たように語り手は繰り返し不平の要素を用いて否定的態度を示すことによって、まさに不平の連鎖を拡張していく。特にこうした断言は、Mが現地に長く滞在していたことを知るTとHにとっては、Mの経験に裏づけられた否定のしようのないものとして聞かれる強い批判となる。

　ここでは、不平の連鎖に関する先行研究で述べられてきたのと同様に語り手は様々なことばの選択を含めた発話の組み立てによって、徐々に自身の態度を明確にし、受け手の同調を求める様子が観察された。それに対し、TとHはすぐには反応を示さないことによって、簡単には同調できないことであることを示す（31行目）。そうした同調もできず、しかし否定もできない状況の中で、この後、TとHは、小さな声で単に「うん」「そうか」などと、ごく小さな声で間を埋めるような最小限の発話が行われる（断片外）。

4.3　不平の連鎖が終わるとき

　Mは続く40行目、41行目で、再びアイメイクに対する微妙な反応に話を引き戻し、自分がどのような反応を期待していたのかを更に具体的に示す。Mは現地女性らの対応について「すごいほっとかれっぷりでした」（43行目）と単にほっとかれたこと以上のものであることをやはり強調した形で出来事を描写する。以下では、語り手と受け手の間で語られた出来事が不平として理解できるかに関して更なる交渉が行われ、最終的にセリフ発話が産出される（47行目）過程を見ていく。

断片（7）【Data2 アイメイク】（断片（6）の続き）
40　M: 最後まで責任もって
41　M: ¥なんか¥　［こhうh褒(h)め(h)た(h)り(h)　］とhかhなhんhかh
42　H: 　　　　　　　［HUHUHUhahahahahahahaha　］
43　M: HAHA［hahahahahahaha［すごい　］ほっとかれっぷりでしたhuhu

```
44    T:            [hahahahahahaha[(    )]
45⇒  H:    ¥文化の違［いが¥］
46    M:              [hhuhu]そう
47⇒  H:    ひど::いそれは:ちゃんと[(    )ってよね::
48    M:                    [終わった途端に放置ですよ
49⇒  H:    えっhuhh
50    T:    hhh
51    (1.0)
```

　40〜41行目、43行目でMは現地女性らの自分に対する扱いのひどさについて、現地女性らへの強い批判として聞ける形で発話を構成する。その批判の強さは09行目で示した「ん::」よりも更に明確になっている。その後、受け手H、Tは笑うことが適切な反応の仕方であるものとして取り扱いつつも（42行目、44行目）、ここでHは再び語り手の否定的態度に寄り添うことを示す（47行目）。興味深いのは、Hがその経験が「文化の違い」（45行目）として理解できることを示し、それに対する語り手の承認（46行目）を得た上で、「ひど::いそれは::ちゃんと（　　）ってよね::」（47行目）と、否定的態度の表示と、相手が当然すべき何かをしてくれなかったという不平を示す点である[*6]。ここから受け手の（語り手への）否定的態度へ同調する際の慎重さが見て取れる。具体的には、Hは文化の違いを持ち出すことにより、現地女性らの振る舞いが単純に非難するべきものではなく、ある一定のレベル（ここでは「文化の差」として）では理解できることを示す。その上で「ひど::い」と評価を行う。こうした発話の組み立ての工夫は、受け手が直面する課題への対処として理解できる。つまり、受け手は目の前で語っている語りの進行を支え、明確に表明された否定的態度に寄り添うことが求められる。その一方で、自身が経験したことのないことに対して否定的態度を示さなければならないというジレンマにも直面している。ましてやここでは、ある特定の国の女性らに対する非難をしなければならず、これは単に笑える話に同調することよりも、社会的負荷の高いことのように思われる。こうした状況に

おいて、Hは理由を示すことで現地女性らを擁護しつつ、現地女性らに対する否定的態度を示すことを同時にやっている。このことから、語り手が示した否定的態度に同調することが、受け手にとっても慎重に扱われるべきものであることが確認できる。

いずれにせよ、そうした受け手からの賛同を得た環境において、MはHの発話と重なる位置で「終わった途端に放置ですよ」（48行目）と、その出来事が自分にとって否定的に感じられるものであったことを更に詳細に示す。しかも、「＜不平として聞きうる発話＞＋ですよ」という発話の形式が用いられることから、単に事態を報告しているのではなく、何らかの「訴え」が行われていると理解できる。つまり、その後に受け手の側に期待されるのは、「受け入れる／拒否する」ことであり、単に「そうですか」と受け止めるだけでは不十分である。特に、この直前で既に不平に寄り添う態度が示されたことを考えるならば、この次の位置において受け手は更に明確な形で語り手の態度に寄り添うことをして見せることが求められるだろう。しかし、それに対して受け手は「え::」や笑いによって反応を示すのみで（49行目、50行目）、その後1秒の間があく（51行目）。この間は、語り手が受け手からの更なる反応を期待した結果と、そうした反応の不在として見ることができるだろう。このことから、語り手Mは未だ自身が示した現地女性らに対する否定的態度に関して、受け手と同じ気持ちを共有できているのかを実感するのに十分な反応が受け手の側から得られておらず、語りを収束させるには至らないことがわかる。

　実際に、語り手はここで語りを終えることなく、再び語りを継続する。

断片（8）【Data2 アイメイク】（断片（7）の続き）
52→ M: フィリピーナみたいだね!(.)おわり!
53　　H: ↓ん［↑::なるほど［::
54→ T: 　　　［ん:　　　　［huhu¥え::とってよ¥み(h)た(h)い(h)［な(h)］
55　　M: 　　　　　　　　　　　　　　　　　　　　　　　　　　　［huhu］
56　　M: (本当そう)((深く頷きながら))huhu

```
57    H: 大変［だよ
58→  M:      ［あの:もうちょっといくつかコメントしようよみ［たいな］
59    H:                                                  ［huhu ］huhu.h.h
60    T:                                                  ［huhu ］
61    (1.0)
62    H: .h(.)°そっか:::°
63    (11.0)
```

　間の直後、語り手Ｍは「終わった途端に放置」ということがどのようなものであったのかについて「フィリピーナみたいだね！(.)おわり！」(52行目)と前後の発話との音調的な差異などを使って演技的に発話を行う。この発話によって次のことがなされている。第一に、語り手は、22行目で一度利用した「フィリピーナ」という形式を利用することによって、未だ語りは完結していないこと、もっと言えば語りのオチをやり直していることを示す。しかも、「フィリピーナ」という言葉は受け手によって既に否定的なものとして理解できることが示された表現である。そうした表現を再び用いつつも、本来、否定的態度の対象である（アイメイクそのものではなく）「現地女性らがやったこと」に再び焦点を当て直している。第二に、語り手は演技的な発話を用いることにより、不平に値する出来事の一場面が受け手にも（擬似的にせよ）どのようなものであったのかのアクセスを可能にする。アクセスを可能にするということは受け手の側からの何らかの反応を引き出すことが示唆される。こうした工夫によって、受け手からの何らかの適切な反応が未だ得られていないことが示唆される。

　注目したいのは、そうしたＭの演技的な発話に対するＴの反応である。Ｔは「え::とってよ」(54行目)とセリフ発話を行う。この発話は、アイメイクをするならば化粧をしたまま放置するのではなく、最後まで責任を持って褒めたり、「アイメイクをとる」べきであるという「現地女性ら」に対するＭの不平の気持ちの露呈として聞くことができる。この発話がこのように聞けるのは、次のような特徴があるためである。まず、既に述べたように直前の語り手

が演技的な発話を行うことにより、受け手からの反応を引き出すことが示唆されており、そうした発話の直後の位置にTの発話が置かれている。それによって、Tの発話が52行目のMの発話に対する反応として聞かれることが可能となる。加えて、「とってよ」の主語が何であるかが示されていないことからも、この発話はそれ自体単独で理解することはできず、あくまでもこれまでのやり取りに依存した形で理解される。更に、Mの発話に対する否定的態度への同調として聞かれる。それは次の理由からである。第一に、「え::」が利用されることにより、何らかの好ましくない事態に対する否定的態度が示されている。第二に、「〜てよ」が用いられることにより、為されなかった何らかの行為に対する他者への不平が示されているように見える。このセリフ発話は、語り手の示す否定的態度にお墨付きを与える言わば決定打となる。実際にこの発話が契機となってこの連鎖は収束していく。

　さらに次の行を見てみると、語り手Mは深く頷く（56行目）ことによって、受け手の参入を承認し、更に「あの:もうちょっといくつかコメントしようよみたいな」（58行目）と、あり得るべきもう1つの本音を発する。この時、語り手は受け手が使った「〜よみたいな」という発話の末尾を繰り返し利用する。このことから、語り手が受け手のセリフ発話による反応を受け止め、「同じ立場で同じことをしている」ことが発話の構成を通しても示していることがわかる。興味深いのはMが「〜しようよ」と誘いの形式を用いることによって、その前の時点で描写した「すごいほっとかれっぷり」（43行目）と自身が示した発話よりも批判の程度を弱めている点である。語り手はTがセリフ発話によって示した「え::とってよ」が表す否定的態度の度合いと合わせる形で発話を調整しているように見える。このことも、語り手と受け手が今や「同じ気持ちである」ことを連鎖を通して可視化する際の1つの重要な手続きであるように思われる。そして、出来事に対する否定的態度が同じように共有されていることが、語り手と受け手双方にとって認識可能になった後に、語りは収束に向かい長い沈黙を迎える（63行目）。

　本節では不平を述べる連鎖がどのような過程を経て、受け手にも

受け入れられて行くのかを詳述し、不平に同調することが受け手の側にとっても慎重さを要する営みであることを示した。特に本事例においては、語りの冒頭においてはアイメイクをしてもらったという経験を、(少なくとも発話の上では) 受け手は笑えるものとして扱うのみで、その時点まででは、それがアイメイクをした知人らに対して、否定的態度を示すものとして語られているかどうかは確定されない。そうした中で、「フィリピーナ？みたいになって」(22行目) と語り手が自身の態度を再び示した後の位置において、受け手は初めて「いや::(ん)」(23行目) という明確な形で (アイメイクのデザインに対する) 否定的態度を示す。その後、語り手が再度具体的な批判対象 (現地女性ら) に焦点を戻し、具体的状況の提示を行うことを利用し、受け手は語り手の態度に寄り添うことを決定的に示すセリフ発話を行う。それが語り手の態度に同調する決定的な反応となっていることは、その後語り手が頷くことや同様のフォーマットでもう１つのあり得るべき発話を追加し、否定的態度を共有するためになされていた交渉の過程が閉じられ、この断片においては語り自体も収束していくことからわかる*8。

5. 不平への同調的態度を示す決定打としてのセリフ発話

　本稿では語りの中で語り手が不平を表出する際に、先行研究で述べられているのと同様、徐々に不平であることを明確にする一方で、受け手の側もそれに寄り添うかについて、慎重に取り扱っていくことが確認された。さらに、そうした中で、セリフ発話による参入が、語り手が示した不平に対する同調を示す、つまり「語り手と同じように感じている」ことを示す決定的な行為として利用されていることを見た。

　本稿で新たにわかったのは以下の点である。まず、語り手が自身の態度を示せばいつでもすぐに受け手による共感的な反応が自動的に引き出されるという単純なものではないという点である。少なくとも本稿で見た事例においては、語り手が示した態度に対して、すぐには受け手の側から適切な賛同が得られておらず、50行以上に

も渡る語り手と受け手の交渉の過程がある。その過程の中では、語り手が様々な方法で出来事に対する態度を示すだけでなく、「受け手も」不平として感じていることを実際に示すかどうかに関して慎重に態度を調整しながら徐々に示していく。そうした中で、今度は受け手の側から「出来事をどのように捉えているのか」を演技的に示すセリフ発話を用いて態度が示されていた。そうしたセリフ発話による受け手の反応が、不平の連鎖を閉じる際に語り手にとっての決定打の1つとして利用されていることがわかった。セリフ発話がなぜ決定打として機能していたのだろうか。それは、受け手が実際には言わなかったであろう心の声として聞ける形で「不平を吐露」してみせることが、単に「ひどいね」「わかる」と相手に同調することよりも強い形で同じ態度を示すことを可能にするからだと考えられる。なぜなら、セリフ発話が用いられることは、受け手独自の言葉で不平がどのようなものであるかを詳細化した形で再構成するものであり、Hのそれまでの発話である「いや::（ん）」（23行目）や「ひど::い」（47行目）といった評価的反応とは異なっているからである。すなわち、語り手の示した否定的態度に対する「理解の立証」（Sacks 1992）をして見せることとなる。特に、この50行を越えるやり取りの末に受け手の側から「同じ気持ちである」という態度が立証的に示されることは、語りの中で慎重に取り扱われてきた否定的態度に対する社会的な根拠を受け手の側から与える行為として理解できる。そして、それは語り手が語った「現地女性らの振る舞い」に対する否定的態度が、今や公に認められたものとして取り扱われることを可能にするだろう。

　同様のことが冒頭で示した断片（3）、断片（4）にも言える。断片（3）ではMが「私に聞いてきて」（36行目）や38行目の演技的な発話によって示した「何か被った」ことを受け手の側も掴んでいること、そしてそうした態度を同じように「実感できる」ことを42行目の「そんな::haha私に委ねないで」というセリフ発話と「私」という一人称を使用することによって、まさに今自分がMの語りを聞いて「感じた」ものとして聞くことを可能にしている。実際に、43行目でMはHの発話の一部を引き取りつつ語りを収束さ

せていく。また、断片（4）においても、すずが示した医療従事者に対する（もしくはサインを押すという状況に対する）不平に対し、孝子の20行目の「誰か押しといて」という発話と演技がかった口調によって、「今の私には無理だ」という不平に同調する心の声を吐露している。そして、すずは21行目で「そ」と短い同意をし、さらに演技的な発話を加えつつ、やはり語りを収束させていく。

　さらに興味深いのは、本稿で扱った事例のように語り手があくまでも「面白い話」の中に「不平」という要素を埋め込み、何度も繰り返し不平の要素となる部分を拡張していくことそれ自体によって、物語が単なる笑い話ではなく不平として聞くべきものであることが理解可能となっているという点である。受け手は、ひとまず笑いによる反応を示し、不平に対して同調的態度を示すことがいかに慎重に扱うべき事柄かを示していたのである。受け手は不平として聞き得る語りの組み立てを利用し、笑うことが適切となる物語の1つの側面にのみ注意を向けることで、あえて否定的態度に言及することを避けることができたと考えられる。

　こうした語り手と受け手の交渉は、不平を述べることそれ自体が問題となりうるものであり、最初から否定的態度が明示されず、連鎖を通じて否定的態度が受け手に受け入れられるかどうかを交渉するような特徴を持っていることの1つの証拠として見ることができるだろう。

---

*1　山本（2013）では「引用」ということばをあえて使わずに、受け手のセリフ発話には以下のような点があることを指摘した。（1）報告される語り手の体験を受け手は直接的には経験していないにもかかわらず、受け手があたかも語りの場面の登場人物のように参入している。それは発話の形式、位置、音調、視線、身体的動作など様々なリソースを利用してなされる。（2）事例のターゲットとなるセリフ発話はいずれも今・ここでの受け手自身の声としてではなく、あくまでも語り手が語る物語の中の声として聞かれる発話として組み立てられている。それは、単に分析者の筆者がそう感じるだけでなく、受け手の発話に対して他の参与者らがまともに応答することはないことから確認でき

る。（3）受け手のセリフ発話による参入のタイミングはランダムに選ばれているのではない。受け手の参入は、いずれも語り手の語りの「具体的状況」が語り手によって提示された後の位置になされることが多く、語り手が示した具体的状況を示す発話を利用する形で参入を行う。例えば断片（1）では13行目と15行目の由紀の一人芝居のような演技的な発話が物語の具体的状況を創り出している。

＊2　ただし、筆者の事例においては冗談を言う環境とは「別に」不平を述べる環境においてセリフ発話が出現しているわけではない点に注意したい。つまり、冗談の連鎖と不平の連鎖が必ずしも明確に区別できないこともあり、語り手は不平を述べつつもそれ自体を笑う対象として構成することもある。実際に、そうした環境においてセリフ発話が産出される場合も多い。

＊3　通常、英語の「complaining」ということばが使われるとき、会話のその場にいない第三者に対して不平を述べる「indirect complaints」とその場の参与者に対して不平を述べる「direct complaints」という明確に区別されるべき異なる行為がある（Monzoni 2009: 2465）。本稿では、このうち前者の第三者に対する不平を扱う。

＊4　この優先的であることは、逆に「そうは思わない」と非優先的態度を示すことが単に心理的に負荷が高いからというだけではなく、「うん、でも…」と言い淀んだり「〜だから」と理由説明をするといった応答の遅れなどによって、連鎖の構造的にも観察可能な形で、それが非優先的な行為であることが示されることがわかっている（Schegloff 2007）。

＊5　これは一般的に「迷惑受け身（被害受け身）」と呼ばれるものとして聞ける。

＊6　この47行目の発話「ちゃんと（　　）ってよね::」はセリフ発話として聞くことができる要素も含んでいるが、音声がはっきりと聞き取ることができないことから確定はできない。しかしながら、少なくともHがMの経験を不満として受け取り、それを共有しているという態度を示しているということは言える。

＊7　なぜこのような対処が必要なのか。このとき、Hがやるべきことの1つは目の前にいるMの態度に寄り添い、この語りを円滑に進めることを支えることであろう。その一方で、自らがよく知らない国の女性らに対して安易に否定的評価を下すことへの躊躇もあると考えられる。こうした相反する2つの課題への対処として、23行目で一旦否定的態度への同調をすることで、語りを円滑に進行させながら、一方で自身の立場に配慮した形で態度の微妙な調整を行っていると考えられる。同様のことが45行目、47行目にも観察される。

＊8　セリフ発話が、不平の連鎖の中において、語り手の否定的態度に対する共感的反応としておかれることは、日本語だけではなく以下の英語のデータ（13行目、14行目）においても確認される（この指摘は林誠氏（イリノイ大学）による）。こうした現象との比較や詳細な検討については今後の課題である。

[8] Paediatrician [#5 BCC 369]
```
1  Pol:    I hated being trea:ted .hhhh I mean hhh! It
2          sounds awfully snobby to sa:y this but .hhhh
3          because of the area I live i:n [uhm] they=
```

```
 4  Clt:                              [mm ]
 5  Pol:   =treat everyone I think (.) uhm to the lowest
 6         common denominato:r.
 7  Clt:   [ m m  h m.   [ mm  hm. ]
 8  Plo:   [So I >remem [ber them] coming in and saying<
 9         .hhh "↑He:llo: I:'m the: ↑ba:by: docto:r."
10         ['n I'd say] "You can say 'paediatrician' it's=
11  Clt:   [Oh m(h)y: ]
12  Pol:   =oka:y I'm- you know[I'm (         )
13  Clt:→                      [£ "I understand the
14         →language yes!"
15  Pol:   You know and I just ha:ted (.) I hated being
16         patronised. 'N .hhh it sounds like I'm really
17         arrogant but I just wanted to be treated (.)
18         you know (.)
19  Clt:   mm:.
20  Pol:   sort'v as an inte(h)lligent wo(h)man
21         ba(h) [ sically. ]
22  Clt:         [Of course.]
```

(Kitzinger and Mandelbaum（2013）より抜粋）

参考文献

Dersley, I. and A. Wootton (2000) Complaint sequence within antagonistic argument, *Reserch on Language and Social Interaction,* 33: 375–406.

Drew, P. (1998) Complaints about transgressions and misconduct, *Reserch on Language and Social Interactions,* 31(3/4): 295–325.

Drew, P. and E. Holt (1988) Complainable matters: The use of idiomatic expressions in making complaints, *Social Problems,* 35(4): 398–417.

Drew, P. and T. Walker (2009) Going too far: Complaining, escalating and disaffiliation, *Journal of Pragmatics,* 41: 2400–2414.

Haakana, M. (2007) Reported thought in complaint stories, In E. Holt and Rebecca Clif, (eds.), *Reporting Talk,* Cambridge: Cambridge University Press, 47–80.

Heinemann, T. and V. Traverso (2009) "Complaining in interaction", *Journal of Pragmatics,* 41: 2381–2384.

Holt, E. (1999) Just gassing: An analysis of direct reported speech in a conversation between employees of a gas supply company, *Text,* 19(4): 505–537

Holt, E. (2007) 'I'm eyeing your chop up mind': Reporting and enacting, E. Holt and R. Clif (eds.), *Reporting Talk,* Cambridge: Cambridge University Press, 47-80.

Kitzinger, C. and J. Mandelbaum (2013) Word selection and social identities in talk-in-interaction. Communication Monographs 80: 176–198.
Monzoni, Chiara M. (2009) Direct complaints in (Italian) calls to the ambulance: The use of negatively framed questions *Journal of Pragmatics*, 41: 2465–2478.
西阪仰（1995）「連載〈会話をフィールドにした男〉サックスのアイディア」『言語』24: 7-12.
Pomerantz, A. (1984) Agreeing and disagreeing with assessments: some features of preferred / dispreferred turn shapes, J. M. Atkinson and J. Heritage (eds.), *Structures of Social Action: Studies in Conversation Analysis*, Cambridge: Cambridge University Press, 57–101.
Pomeranttz, A. (1986) Extreme case formulations: A way of legitimizing claims, *Human Studies*, 9: 219–229.
Ruusuvuori, J. and P. Lindfors (2009) Complaining about previous treatment in health care settings, *Journal of Pragmatics*, 41: 2415–2434.
Sacks, H. (1992) *Lecturs, on Conversation Volume 2*, Oxford: Blackwell.
Schegloff, E.A.(2005) On Complainability, *Social Problems*, 52(4): 449–476.
Schegloff, E. A.(2007) *Sequence Organization in Interaction: A Primer in Conversation Analysis 1*, Cambridge: Cambridge University Press.
須賀あゆみ（2012）「実演と笑いによる語り連鎖」吉村あきこ・須賀あゆみ・山本尚子編『ことばを見つめて』英宝社 , 425–436.
Stivers, T. (2008) Stance, alignment and affiliation during story telling: When nodding is a token of preliminary affiliation, *Research on Language in Social Interaction*, 41: 29–55.
Traverso V. (2009) The dilemmas of third-party complaints in conversation between friends, *Journal of Pragmatics*, 41: 2385–2399.
山本真理（2013）「物語の受け手によるセリフ発話―物語の相互行為的達成―」『社会言語科学』16（1）：139–159.

第 2 章
「からかい」連鎖の構造と相互行為における環境

初鹿野阿れ・岩田夏穂

1. はじめに

　親しい者同士のおしゃべりには、お互いをからかう発話がしばしば観察される。Drew（1987）が指摘するように、「からかい」はお互いが相手に対する親しさを示す相互行為上の指標ともなりうる行為である。したがって、日本語を母語としない学習者にとっても、「からかい」を適切に行うやり方を知ることは意味のあることだと考える。しかし、「からかい」には、挑発の側面がある（次節で詳述）だけに、日本語学習者にとって「からかい」を交えながら会話することは、容易ではないと思われる。相互行為における「からかい」のやり方を会話教育を通して学習者に意識させるには、まず、教師自身が「からかい」の特徴を知る必要があろう。そこで、本稿では、分析データの観察を通して「からかい」の連鎖構造、および相互行為上「からかい」が何をしているかを記述する。

2.「からかい」とは

　「からかい」とはどのような行為であろうか。Keltner 他（2001）は、心理学、人類学、社会学、談話分析等で扱われた「からかい」研究を概説している。そして、「からかい」を、対象者に意図的に向けられた、挑発的および遊戯的側面を持つ行為（a combination of aggressive and playful behavior）であるとまとめている。つまり、「からかい」は、相手に対する攻撃的な要素（挑発性）と、それが本気ではないことを示す要素（遊戯性）の両方を持ち、発話のデザインや位置によって、挑発性の強い行為、あるいは遊戯性が強い行為として達成されると考えられる。

「からかい」は相手との仲間意識を示すものから相手への痛烈な辛辣さを表すものまでの連続体として機能する。ある発話が相手を本気で攻撃するためのものではないことは、参与者同士の関係性や話題等、その発話が産出される文脈によって理解されることもあれば、大げさなイントネーション、笑い、独特の表情などを伴ったやり方によって示される場合もある。しかし、その境目は明確ではなく、明らかに親密さを示すものから、明らかに辛辣さを示すもの、また、どちらかあまり明確ではないものなど様々であり（Boxer 他 1997）、その曖昧さゆえに、「からかい」として捉え損なうことに対する緊張を生む（Schieffelin 1987）。

　Drew（1987）も、「からかい」に挑発的側面（揶揄）と遊戯的側面を持つことを会話分析（Conversation Analysis）の手法を用いて明らかにしている。会話分析とは、主に日常会話を対象とし、私たちがやり取りを秩序だったものとして組織するために無意識に用いている「やり方」を、連鎖と行為に注目して明らかにすることを目指す学問分野である。Drew は、「からかい」は先行する発話にみられる「やりすぎ（overdone）」や「大げさ（exaggerated）」といった特徴に対する懐疑的態度を表す発話であると述べている。また、「からかい」の対象となる人のアイデンティティーやカテゴリーは、「からかい」に先行する対象者の発話や「からかい」の発話そのものの中に現れると主張する。「からかい」とは、それらのアイデンティティーやカテゴリーを逸脱したものであると捉え、言語化し、顕在化することであると同時に、それをお互いに笑い合うことで連帯感を表現し、その場に生じた緊張と対立を緩和する行為であるとしている。

　Drew（1987）が先行する行為への働きかけとしての「からかい」を取り上げているのに対し、團（2013）は、「からかい」の対象となりうるような先行する行為がなくても、特定の参加者を笑うことが可能になる現象を取り上げ、その連鎖環境を分析している。團は、教室内の生徒間のいわゆる「いじり」*1 と教師の指導に注目し、「からかい」活動は、繰り返し起こりやすい行為であり、その持続可能性と抵抗の難しさゆえに、ある種の人間関係のトラブル

となりうると説明している。

　これらの先行研究を踏まえて、本稿でも、何が「からかい」を引き起こしているか、「からかい」がどのような連鎖環境で生じ、どのような行為をしているかに注目する。

　本稿では、子供同士によくみられるような、前の席の子供をついて変な顔をしたり、「やーい」とはやし立てたりするような行為ではなく、相互行為の中で、先行するやり取りを対象に、発話を通して行われる「からかい」を扱う。また、コミカルな応酬において明らかにからかわれることを前提に組み立てられているようにみえる、いわゆる漫才の「ボケ」のような先行発話（Tsutsumi 2011）に対する適切な反応としての「からかい」は含めない。そして、会話教育への応用を視野に入れ、データの中から親密さの提示と友好的関係構築に有効であると思われる「からかい」を対象とした。

3. データおよび分析の観点

　分析対象としたデータは、日本人3人の雑談を1時間程度ビデオカメラとICレコーダーで録画・録音したものである。それを会話分析の手法を用いて詳細に文字化し*2、録画・録音データを参照しながら、観察し、「からかい」が起きている箇所を抽出した。その結果、「からかい」であると判断した例は25例であった。これらを「からかい」のターゲットに焦点を絞って分類した結果、先行発話で語られたことに何らかの逸脱があり、その逸脱をターゲットにしているようにみえるもの、からかう者が先行発話から想起したことに何らかの逸脱を見出し、その逸脱をターゲットにしているようにみえるものが観察された*3。

　本稿では、上記2つの現象が観察される事例をそれぞれ1つ取り上げる。分析の観点は次の2つである。
　(1)「からかい」の連鎖構造の特徴
　　　「からかい」の先行発話のどのような部分が逸脱として「からかい」のターゲットになっているか、そして、「からか

い」に対して、からかわれた者ともう1人の参加者がどのような反応しているかに注目し、「からかい」の連鎖構造の特徴を探る。
(2)「からかい」が生起する連鎖環境
　　ここでは、やり取りの中で「からかい」がどのような位置・環境で現れているのかを分析する。
　2つの事例の分析を踏まえて、「からかい」が相互行為の上で何をしているのかを検討する。

4.「からかい」の分析

　この節では、4.1で、先行発話で語られたことに何らかの逸脱があり、「からかい」が、その逸脱をターゲットにしているようにみえる例（事例1）、4.2ではからかう者が先行発話から想起したことに何らかの逸脱があり、その逸脱をターゲットにしているようにみえる例（事例2）について分析する。

4.1　事例1　先行発話で語られたことの中にある逸脱

　事例1の相田、八木、鈴木は同じ大学院の院生で、親しい関係にある。3人は菓子を食べながら話している。その菓子は、様々なコアラの図柄が描かれている小さいクッキーで、ときどき数が極めて少ない、いわゆる「レア」な図柄が混じっていることがある。その「レア」なコアラを見つけた人は運がいいとされたことから、一時期その図柄のコアラを探すことが流行した。【事例1】は、八木が手に取った菓子の図柄をレアなものかもしれない、と他の2人に示した（01行目）あとに続くやり取りである。

【事例1】
01　八木：　な　これな::？（1.2）は　なにこれ:（0.2）いや（0.3）
02　　　　　＞これ＜レアなやつじゃない？
03　　　　　（.）
04　相田：　ん？

```
05        (1.1)                    ((3人がお菓子のほうに顔を寄せる))
06  八木：ちょ'と触って［いい？              ((八木がお菓子を手に持つ))
07  鈴木：          ［盲腸？盲腸？=
08  八木：=ほら
09        (1.5)
10  鈴木：何それ                      【図１】
11  相田：ん？
12  鈴木：何て書いてある？
13  相田：ｔｔＴシュ［ート   ((ttT→口にものが入っていて口ごもっている))
14  八木：        ［うん
15        (1.6)
16  鈴木：°ん::°                 ((鈴木が体を引いて元の位置に戻る))
17  八木：レア:なやつ>じゃない<=盲腸て何？
18  鈴木：［えっ  hdho 盲腸コアラ:(.)って  一時期あったよね？=
19  相田：［hhh
20  相田：=眉毛コアラじゃなくて？
21        (0.5)
22  鈴木：あま［ゆ毛もあった
23⇒ 八木：   ［sそれさ::［たぶん 鈴木が::
24  相田：        ［°うん°                ((22行目への反応))
25⇒ 八木：>病的やねん<［もうちょうとか=
26  鈴木：        ［hh h
27  相田：=h h［nhh h［h h
28  八木：   ［H H ［Hhhh
29  鈴木：       ［hちg(h)a h h ¥だって  ここ¥.H h
30       こ h こ h ［に キ(h)ズ あって ［::  泣いて(h)る(h)コ(h)ア(h)ラ(h)
31  八木：      ［ほんま？     ［まじで？
32  鈴木：い(h)［た(h)よ.
33  八木：   ［d'こ'シュ:ートやで  >これ<すごいやん
34       tたぶんこれ一番レアなんじゃない？  ここにchっと置いとこ:
```

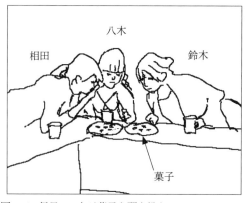

図1　05行目：3人が菓子を覗き込む
　　　16行目で鈴木が体を引くまで、3人はずっと
　　　このままの姿勢で、お菓子を見つめながら話す。

4.1.1 「からかい」の連鎖構造

01行目で八木は、自分がレアなコアラを発見した可能性を主張し、鈴木と相田に同意を求める。しかし、2人は、すぐに反応せず、07行目で鈴木が「盲腸」の図柄かと聞く（「盲腸コアラ」は、一般的にレアだとされている）。八木は鈴木の質問には答えず、3人は顔を寄せて問題の菓子の図柄を確認する（09～15行目）が、それが「レア」な図柄だという八木の主張に対して、相田、鈴木からの同意は示されない。そこで、八木は、再度17行目で同意を求め、その直後に「盲腸って何」と、鈴木の07行目の質問への修復を開始する。そして、鈴木と相田のレアな図柄を巡るやり取り（18～22行目）の後に、23、25行目で八木が鈴木を「病的だ」という。

この事例で注目するのは、23、25行目の八木の「それさ::　たぶん鈴木が::　>病的やねん<　もうちょうとか」である。この発話がターゲットとしているのは、鈴木が直前のやり取りに導入したレアな図柄の候補としての「盲腸」である。「盲腸」は臓器の名前で、盲腸炎という病名を想起させる、一般に菓子の図柄とは結び付きにくい言葉である。現在進行中の話題に唐突に「盲腸」を導入する鈴木の振る舞いは、この場のやり取りで期待される行為からは逸脱していると、八木の23、25行目の発話は主張しているようにみ

える＊4。八木は「盲腸」ということばをここで出す鈴木の振る舞いの逸脱性をターゲットとして「からかい」を行ったといえる。

　次に、23、25行目の形式について検討する。これは、「盲腸」コアラの存在を主張する鈴木の性格が「病的」であると指摘する八木の「非難」とも聞こえる＊5。しかし、八木の表情が25行目の「もうちょう」あたりでにこやかになること、続けてすぐに笑っていること（28行目）、また、聞き手である相田も、からかいの対象者である鈴木も笑いで反応していること（26、27行目）から、それが真面目な「非難」ではなく、「非難」という形式を利用した「からかい」として発せられ、理解されたことが分かる。

　ここで興味深い点は、23行目で八木が「たぶん鈴木が::」と発話したあと、相田に顔を向けて「>病的やねん<」と言っているにもかかわらず、このからかいの対象者である鈴木が26行目で相田より先に笑いによって反応しているところである。形式上「非難」として組み立てられているこの発話は、視線の動きからみて相田に向けて発せられている。3人の座っている位置を見ても、八木が相田に顔を向けると、鈴木は発話が自分に向けられているとは感じられない位置にいる。すなわち、この「非難」の発話は（鈴木にも聞かせていることは明らかであるが）、相田を聞き手として産出されているといえるだろう。しかし、発話が、鈴木の逸脱をターゲットとした「からかい」であることが分かった時点で、聞き手である相田より、鈴木のほうが早く反応している。これは、「からかい」がからかわれた本人の意思とは無関係に続きうる行為であり（西阪 2001）、抵抗が難しい行為である（團 2013）がゆえに、できるだけ早く対処する必要がある（初鹿野・岩田 2008）からであるといえるだろう。

　Drew（1987）が指摘するように、「からかい」のあとには、多くの場合、真面目な否定や修正が行われ、笑いなど同調によってのみ反応される例は多くない。この事例でも、からかわれた鈴木は、笑いにより八木の23、25行目が「からかい」であることを受け止めてはいるが、それが、自分に対する非難であることに形式的に応接して、「ｈちｇ(h)ａｈｈ￥だって　ここ￥.Hｈこｈこｈにキ

(h)ズあって::　泣いて(h)る(h)コ(h)ア(h)ラ(h)い(h)た(h)よ．」と否定、反論している。それに対して、八木は「ほんま？」「まじで？」（31行目）と、情報の真偽を確認する質問をすることで鈴木の正しさを必ずしも否定していないことを示しつつも、33行目で、シュートコアラを「＞これ＜すごいやん」と評価している。この発話は、01行目から始まる八木の発見の主張に対する鈴木と相田の反応の欠如を補うものである。そして、自分の発見したコアラが一番レアであると言うことで、01行目からの連鎖を終了させている。

4.1.2 「からかい」が生起している相互行為上の位置

次に、「からかい」がどのような連鎖環境で起こっているかを検討する。

17行目で八木は再度、自分が見つけたコアラがレアな図柄である可能性を主張するが、直後に「盲腸て何？」と鈴木に尋ねる。この発話により、八木がレアなコアラである「盲腸コアラ」について知識がないことが明らかになる。質問された鈴木は、笑い顔で「盲腸コアラ:(.)って　一時期あったよね？」と相田に確認を求めると、相田は「盲腸コアラ」の存在について肯定はしないものの、もう一つの有名なレアなコアラである「眉毛コアラ」を持ち出す。鈴木が相田に「あ　眉毛もあった」と言いかけた位置で、八木の「からかい」が起こっている。

以下、八木の「からかい」が起きた環境について、2つの点から記述する。まず、八木の「レアなコアラの発見の可能性」という、語る価値があると受け止められるべき主張に対し、聞き手である鈴木と相田が十分な反応を示していないという点である。02行目で八木は「＞これ＜レアなやつじゃない？」と同意を求めている。同意要求という行為は次の順番で行為の受け手からの同意、または非同意がくることが強く期待される（Schegloff 2007）[*6]。しかし、相田と鈴木は、八木の同意要求に対して、すぐに反応せず、八木が持つお菓子の図柄に注目する。これは、同意か非同意かを産出するために必要な情報収集として理解可能な振る舞いである。しかし、図柄が「シュート」と書いてあるコアラであることが分かったあと

も、2人はそのどちらの反応もしない。相田は何も言わずお菓子を見続け、鈴木は「ん::」と小さい声で言いながら、体を後ろに引いて、お菓子から遠ざかり、元の体勢に戻っている。相田の行為は反応を保留している、またはためらっているようにみえ、また、鈴木の振る舞いは、同意・非同意を行わないだけでなく、八木が持っているお菓子への関心を失いつつあることを示しているようにみえる。つまり、八木の同意要求は、次の順番にくることが期待される反応が得られず、八木が主張するレアなコアラの発見という情報の価値は否定される可能性が生じているといえる。

　Pomerantz（1984b）は、話し手が行ったある行為に対して期待される反応がなかった場合、聞き手には反応がないことについての釈明が期待されること、また、話し手は反応を得るために自分の発話を調整することが観察されると述べている。この事例では、八木は、再度「レア:なやつ﹥じゃない﹤」と同意要求によって、価値がある発見であることを主張するが、発話の後半は速度が速くなり、相手の反応を待たずにすぐ「盲腸て何？」と鈴木が口にした「盲腸」について修復を開始している。これは、八木が鈴木の反応、つまり同意要求に対して期待される反応をせず、レアなコアラの図柄について一定の知識がなければ、まず、この菓子と関連づけることはできないであろう「盲腸」を持ち出した理由説明を求める質問ともいえる。

　次に、このやり取りの中では、レアなコアラの図柄についての知識の有無が3人の参加者によって交渉されている点である。01行目で八木は、自分が見つけたコアラの図柄がレアなものであることを主張するが、鈴木が07行目で「盲腸」コアラである可能性に言及しても、八木はそれがどういう意味を持つか分かっていない。そのことは17行目で八木が鈴木に「盲腸て何？」と修復を開始することにより明らかになる。八木がレアなコアラについての話題を開始できたということは、何が「レア」であるかについて知識を持っていることが前提となるはずである。それにもかかわらず、「盲腸コアラ」という当然持っていていいはずの知識がなかったことがこのやり取りの中で明らかになる。ゆえに、鈴木は18行目で「えっ」

と驚きを持って八木の質問を受け止め、少し笑いを含んだ口調で「hdho」と発話を始め、笑顔のまま相田に「盲腸コアラ:(.)って一時期あったよね？」と有名なレアなコアラの存在について確認を求めている。相田は確認要求には反応せずに、レアなコアラとしての「眉毛」コアラなら知っていることを主張する。これは、少なくとも相田もレアなコアラについて一定の知識を持っていることを主張しているといえる。鈴木も 0.5 秒の間のあと「あ」と気付いたことを示したあと、「まゆ毛もあった」とその存在について知識を持っていることに言及している。つまり、この一連のやり取りを通し、相田と鈴木はレアなコアラについて一般的に期待される知識を持っているが、八木は持っていないという知識の差が顕在化しているといえよう。図 2 は、八木のレアなコアラの発見の主張から、鈴木に対する「からかい」までの流れを図にしたものである。知識状態の傾斜を［K ＋］（知識がより多い状態）と［K −］（知識がより少ない状態）（Heritage 2012）と表す。

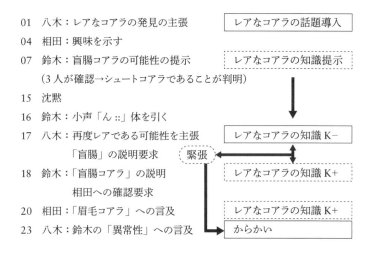

図 2　レアなコアラについての知識の交渉

　八木の鈴木に対する「からかい」が起こるのは、八木にとってあまり好ましくない状況、すなわち、自分が語るべきことであるとして提示したレアなコアラの発見の価値が、否定される可能性がある

位置であり、かつ、自分が鈴木と相田に比べてレアなコアラについての知識がないことが明らかになった位置であるといえる。

4.2　事例2　からかう者が想起したことの中にある逸脱

次に、想起された情報に何らかの逸脱があり、「からかい」がその逸脱をターゲットにしているようにみえる事例（事例2）をみる。

レイコ、アキコ、ミエは同じ大学院の院生で友人同士である。レイコとアキコは大学時代からの友人であり親密な関係にある*7。ミエは大学院からの友人である。抜粋部分の直前にレイコが目の前にある月餅を眺めながら、もし月餅にあんこが入っているなら食べられないと発言している。それを聞いて、01行目でアキコが「あんこ食べれないの？」と確認を求めている。事例2はそのあとに続くやり取りである。

【事例2】

```
01  アキコ：　あんこ食べれないの？
02  レイコ：　あたし　あんこ食べれないよ=
03  アキコ：　=う↑そ::::
04  レイコ：　H ha: ha: .hh 好き嫌い多(h)い(h)ん(h)だ(h)　[tて
05  アキコ：                                              [え↑え:::
06          　知らんかった　なんで::？　甘すぎて？
07          (0.5)
08  レイコ：　ん::なんか小豆の味自体あんま好きじゃないn'
09          (0.7)
10  レイコ：　だからさ::(0.8)　あたs'高校のころ闊歩訓練てのがあって:
11          (0.4)
12⇒アキコ：　hhh　[な(h)んかさh.hhこ(h)うh－　エ(h)リ(h)－.hh*8
                  ((右手でレイコを指差し、ミエを見るが、ミエは下を向い
                  ている))
13  レイコ：　　　[さん－
14⇒アキコ：　¥レイコの[さ:¥　　((レイコを見る))
15  レイコ：　　　　　[う(h)ん(h)
```

```
16⇒アキコ：  高校　遠泳::-(.)
17⇒          [遠泳::::訓h練h [とhかh¥訓練[めっちゃする:¥hhhhh
              ((レイコを見たあと、ミエを見るが、またレイコに視線を戻す))
18  レイコ：[HH遠泳訓練 [ahahhh      [.hhh ha
19              や　むかし[は::　遠泳訓練を夏にやるで[しょう？
20  アキコ：           [.hh .hh .hh           [う::ん
21  レイコ：秋に奈良に行ってサイクリングするで[しょ[う？　で冬に
22  アキコ：                                 [H hh [hhhhhhhh
23  ミエ  ：                                      [ºうんº
24  レイコ：闊歩訓練で30キロ歩くんです[よ::
25  アキコ：                           [kh
```

4.2.1 「からかい」の連鎖構造

　01行目のアキコの確認要求に対して、02行目でレイコが「あんこ食べれないよ」と肯定すると、アキコは声のトーンを上げて「う↑そ::::」と強い驚きを表す。レイコが笑いながら、自分は好き嫌いが多いと発話すると、それに重なって、アキコは再度「え↑え:::」と驚きを表している（05行目）。そして、自分はそのことを知らなかったと表明するとともに、あんこが食べられない理由を尋ねている。レイコは、アキコの問いに対して小豆の味が好きじゃないと答えるが、アキコからは、その答えの受け止めがなく、沈黙が生じる。そこで、レイコは、「だからさ::」と開始することで、あんこ嫌いについてのさらなる説明として聞けるように08行目で高校の闊歩訓練の話を導入する。すると、それを受けて、アキコは、レイコの高校がスポーツの訓練を生徒にさせることに非常に熱心であることに笑いながら言及する（12〜17行目）。

　事例2で注目するのは12、14、16、17行目のアキコの発話である。この発話のターゲットは、レイコの高校が常識を逸脱するほど「訓練」を好んでやっていることである。しかし、ターゲットは事例1とは異なり、直前の発話そのものではない。レイコが直前に「あたs'高校のころ闊歩訓練てのがあって:」と何らかの物語り*9を始めようとしているようにみえる発話を行っており、それが引き

金となって、アキコが想起したレイコの高校についての情報（レイコの高校には遠泳訓練がある）にある逸脱性（訓練をめっちゃする高校である）がターゲットになっているといえる。「訓練」という言葉は「練習」の類語である*10 が、訓練のほうが技術を教え込まれ、繰り返しやらされるといったイメージが強い。また、軍事訓練、防災訓練など危険を伴う、あるいは厳しい指示のもとで進行する活動であることも想像させる。一般的に高校で行われるスポーツの練習を「訓練」と呼ぶことにある種の「行き過ぎ」、すなわち逸脱を感じる人は多いだろう。しかも、レイコの高校では、レイコが知っていた遠泳訓練だけでなく、（あまり一般的ではないと思われる）闊歩訓練もあることをアキコが知り、それを常識外れの逸脱と捉えたといっていいだろう。

　この事例では、12、14、16、17行目のアキコの発話は始めから笑いを伴っており、明らかに「本気」ではない、「からかい」であることが示されている。レイコも笑いを含んだ発話と笑いでその「からかい」を受け止めている（18行目）。しかし、事例1と同様、この事例でも、からかいに対する反応は、笑いだけではない。レイコは19行目で「や」と否定の応答をしたあと、レイコの高校では、夏は遠泳訓練、秋はサイクリング、さらに冬は闊歩訓練があったと言う。これは、アキコの発話を完全に否定するものではないが、レイコの高校の訓練の種類の多さや頻度がアキコの予想以上のものであることを真面目に主張することで「からかい」への抵抗になっている。

　さらに、この「からかい」はレイコが物語りを始めようとしている位置に、それを遮るように起こっていることも、レイコがアキコの「からかい」に真面目に抵抗していることと関係しているだろう。レイコはアキコの「からかい」に対する反応（笑い）を短く切り上げ（18行目）、真面目な口調で対応する（19行目）ことで、中断された自分の物語り（「闊歩訓練でさんざん疲れたあげく、ゴールでご褒美として自分の嫌いなお汁粉が配られたという話」）を再開しようとしているといえる。

4.2.2 「からかい」が生起している相互行為上の位置

次に、「からかい」がどのような連鎖上の位置で起こっているかをみていく。

前述の通り、この「からかい」の前に、アキコはレイコがあんこが食べられないことを初めて知り、強い驚きを示している（03、05、06 行目）。そして、あんこが嫌いな理由を尋ねると、レイコは味があまり好きではないと答える（08 行目）。しかし、それに対するアキコの受け止めがないため、レイコは「だからさ::(0.7)　あたs'高校のころ闊歩訓練てのがあって:」と、あんこ嫌いに関連した何らかの物語りの開始ととれる発話を始める。アキコの「からかい」が起こるのは、この直後である。

ここで重要なのは、アキコとレイコの関係である。この雑談の中で2人は共有している大学時代のエピソードを語っており、2人のやり取りの端々から親密な関係であることが示されている。このような仲のいい女子学生同士が互いの食べ物の好みなどをよく知っていることは、一般的に期待されるだろう。つまり、このやり取りで「からかい」が起こったのは、アキコが当然知っているはずのレイコの食べ物の好みを知らなかったことが明らかになった位置である。

ここでの「からかい」のターゲットは、レイコの高校が慣習的に行っている活動にある逸脱性である。ここで注目したいのは、この「からかい」がレイコの先行発話の「闊歩訓練」を引き金として想起された、アキコの記憶にある内容をターゲットとしていること、それがアキコがレイコと親しい関係であり、アキコがレイコに関する多くの知識を持っていることの主張ともなっている、という点である。千々岩（2013）でも、「あなたに関する知識」が「からかい」に利用されていることが指摘されている。千々岩は、からかう者が、相手が好ましくないと思っていることについての知識を利用し、笑いなどで「冗談」であることを示しながら、次の順番で相手の反応を要請するような行為（隣接ペアの第一成分）を行うこと、そして、相手がそれに対して何らかの反応をすることで、相互行為的に「からかい」が達成されていることを指摘している。本稿でのアキコの「からかい」は、千々岩の分析例とは連鎖上の位置が異な

り、また、レイコにとって好ましくない情報であるかどうかという点で検討の余地があるが、少なくとも、相手についての知識が利用されているという点では共通すると考えられる。

5.「からかい」がしていること

事例1、2を分析した結果、「からかい」はそれまでのやり取りを通して何らかの緊張が生じつつあるところで起きていることが分かった。事例1では、八木の同意要求に対する鈴木と相田の反応が不在であり、レアなコアラの発見の可能性についての主張が否定されうる位置、また、その主張の妥当性を支えるレアなコアラについて、八木が他の2人よりも知識に乏しいことが明らかになった位置である。また、事例2では、レイコと親密な関係なら当然知っているはずの（特殊な）食べ物の好みについて、アキコが知らなかったことが明らかになった位置である。どちらの事例においても、やり取りが進む中で、ある参加者にとって期待する展開（事例1）、または当然だと思っていたこと（事例2）とは異なる状況が生じており、気まずい緊張が生じつつあるようにみえる。「からかい」はその位置で、その参加者によって行われている。

「からかい」が社会構造的対立や緊張に対処する手段であることは先行研究でも指摘されている（Radcliffe-Brown 1952、Drew 1987、Eder 1993）。Drew（1987）は、2節で述べた通り、「からかい」は相手の逸脱の顕在化であり、同時に、それをお互いに笑い合うことで、その場に生じた緊張と対立を緩和するものであると述べている。

先行研究で指摘されているのは、ある緊張や気まずさを引き起こした発話自体を「からかい」の対象とすることで、その緊張や気まずさを緩和しようとする現象である。それに対して、今回の分析から分かったことは、「からかい」の対象となる発話や「からかい」発話そのものではなく、それらを含んだもうすこし広い範囲での連鎖によって引き起こされた（または引き起こされる可能性のある）気まずさや緊張が「からかい」の出現に関連があるのではないか

ということである。ここで検討した2つの事例での「からかい」は、あるべき反応の不在、および、自分が知っているべき知識の不足が明らかになった気まずさに対して、相手や相手に関する何らかの逸脱や非常識さを指摘することで抵抗しているようにみえる。つまり、緊張への対処や抵抗の手段として解釈しうる位置に「からかい」が起こっているといえるのではないだろうか。

6. まとめ

本稿では、親しい友人同士の雑談に現れた「からかい」をその起こった連鎖環境の位置に注目して分析した。注意すべき点は、「からかい」がある種の緊張に対処しうる位置で起こるという本稿での記述が、からかう者がそこで生じつつある緊張を意識し、意図的に「からかい」という手段を利用したということを必ずしも意味しないということである。本稿が明らかにしたことは、「からかい」がそのような位置で起こり、そのことで、ある種の機能を果たしうるという可能性である。

近年会話分析で明らかになった知見を会話教育に応用する試みがいくつかなされている（岩田・初鹿野 2012、藤浦他 2013）。本稿の行ったような分析結果を蓄積することで、教育現場への応用の可能性が広がっていくであろう。

---

*1 團（2013）はデータに現れている「からかい」を、若者による「いじり」の相互行為として扱っているが、「からかい」と「いじり」の概念についての詳細は今後の課題としている。
*2 文字化記号については西阪他（2008）にしたかった。
*3 データには、先行する話の展開のやり方をターゲットとした「からかい」（初鹿野・岩田 2014）や、他の現象をターゲットとした「からかい」もみられた。それらについては今後分析を行いたい。
*4 07行目の鈴木の発話は、その場にいる全員を盲腸コアラがレアであることを知っている者としてデザインされていると考えられる。ここにみられる鈴

木と八木の知識の有り様とからかいの関係は4.1.2で扱う。
＊5　鈴木が挙げた「盲腸」コアラは、実際にレアなコアラとして有名であり、八木の指摘は誤りである。しかし、ここでは事実かどうかが問題なのではなく、八木が「盲腸」コアラは常識的ではなく、逸脱していると考えたことが、この発話に示されていることが重要である。
＊6　Pomerantz（1984a）では、同意要求の反応として、同意の方が非同意より優先されるという優先構造を論じている。しかし、Schegloff（2007）が指摘するように、この優先性は、連鎖の社会的／相互行為的な特徴であり、隣接ペアの第二成分として同意が起こることへの指向（orientation）であって、心理的な好みではない。つまり、同意要求を行った話者が同意を望んでいるという意味での優先性ではない。しかし、この事例の場合、八木は同意されることを期待し、望んでいることは間違いないであろう。
＊7　レイコとアキコの関係と、2人とミエの関係は3人の話し方からも分かる。レイコとアキコはミエに話しかけるときは、「です・ます」体を使い、レイコとアキコがお互いに普通体を使用している。ミエは2人に対して普通体を使っている。
＊8　12行目の「エ(h)リ(h)－」は、レイコの名前の言い間違いである。
＊9　物語りとは、会話の中で語られる自分の体験談や面白い話などをいう。Jefferson（1978）は、物語りは、語られる特定の内容をもって口に出される連鎖構造をもったものであるとしている。物語りの構造には、前置きや山場、終結部などがあることがいわれており、レイコの10行目の発話は物語りの前置きと解釈されうる発話となっている。
＊10　新明解国語辞典第六版によると、「訓練」とは「ある能力・技術などを十分に身につけるまで繰り返し練習させること」とある。

参考文献

Boxer, Diana and Cortés-Conde, Florencia (1997) From bonding to biting: Conversational joking and identity display. *Journal of Pragmatics,* 27. pp.275–294.

千々岩宏晃（2013）「「からかい」の相互行為的達成：「あなたに関する知識」を用いた発話の一用法」『日本語・日本文化研究』（23），pp.129–141. 大阪大学大学院言語文化研究科日本語・日本文化専攻

團康晃（2013）「指導と結びつきうる「からかい」―「いじり」の相互行為分析―」『ソシオロジ』58（2），pp.3–19. 社会学研究会

Drew, Paul (1987) Po-faced receipts of teases. *Linguistics,* 25(1), pp.219–253.

Eder, Donna (1993) "Go get ya a French!": Romantic and sexual teasing among adolescent girls. In D. Tannen (ed.), *Gender and Conversational Interaction,* pp.17–31. Oxford: Oxford University Press.

藤浦五月・田中真衣・今田恵美・高井美穂・吉兼奈津子・岩田夏穂・初鹿野阿れ（2013）「日本語教育に生かす会話分析の可能性―日常的なやりとりに注目して―」『社会言語科学会第32回大会発表論文集』pp.173–182. 社会

言語科学会

初鹿野阿れ・岩田夏穂（2008）「選ばれていない参加者が発話するとき―もう一人の参加者について言及すること―」『社会言語科学』10（2），pp.121-134. 社会言語科学会

初鹿野阿れ・岩田夏穂（2014）「話の展開のやり方をターゲットとした「からかい」の分析」『社会言語科学会第33回大会発表論文集』pp.34-37. 社会言語科学会

Heritage, John (2012) Epistemics in action: Action formation and territories of knowledge. *Research on Language and Social Interaction*, 45(1). pp.1-29.

岩田夏穂・初鹿野阿れ（2012）『にほんご会話上手！ 聞き上手・話し上手になるコミュニケーションのコツ15』アスク出版

Jefferson, Gail (1978) Sequential aspects of story telling in conversation. In J. Schenkein (ed.) *Studies in the Organization of Conversational Interaction*, pp.219-248. New York, NY: Academic Press.

Keltner, Dacher, Capps, Lisa, King, Ann M., Young, Randall C., and Heerey, Erin A. (2001) Just teasing: A conceptual analysis and empirical review. *Psychological Bulletin*, 127(2). pp.229-248.

西阪仰（2001）『心と行為：エスノメソドロジーの視点』岩波書店

西阪仰・串田秀也・熊谷智子（2008）「特集「相互行為における言語使用：会話データを用いた研究」について」『社会言語科学』10（2），pp.13-15. 社会言語科学会

Pomerantz, Anita (1984a) Agreeing and disagreeing with assessments: Some features of preferred/dispreferred turn shapes. In J. M. Atkinson and J. Heritage (eds.), *Structures of Social Action*. pp.57-101. Cambridge: Cambridge University Press.

Pomerantz, Anita (1984b) Pursuing a response. In J. M. Atkinson and J. Heritage (Eds.), *Structures of Social Action*. pp.152-163. Cambridge: Cambridge University Press.

Radcliffe-Brown, A.R. (1952) *Structure and Function in Primitive Societies*. London: Cohen and West.

Schegloff, Emanuel A. (2007) *Sequence Organization in Interaction: Volume.1: A Primer in Conversation Analysis*. Cambridge: Cambridge University Press.

Schieffelin, Bambi B. (1987) Teasing and shaming in Kaluli children's interactions. In B.B.Schieffelin and E. Ochs (eds) *Language Socialization Across Cultures*. pp.165-181. Cambridge: Cambridge University Press.

Tsutsumi, Hideo (2011) Conversation analysis of boke-tsukkomi exchange in Japanese comedy *New Voices* (Vol. 5), pp.147-173. Sydney: The Japan Foundation.

山田忠雄主幹（2007）『新明解国語辞典』第六版、三省堂

第3章
「女の子パンチ」にみる
ジェンダーカテゴリーの相互行為的意味

岡田みさを

1.「ジェンダーと言語」研究における相互行為分析
その有用性提唱の背景

1.1 「Performance framework」に至る経緯

　主に英語をデータとした「ジェンダーと言語」研究では、近年、この分野への相互行為分析の貢献の意義が論じられている（Speer and Stokoe 2011）。同分野では1990年代前後に、旧来のDeficiency / Difference / Dominance framework から、社会構築主義に根ざした「反本質主義」を掲げる、Performance framework への転換が行われた。しかし、冒頭の相互行為分析を提唱する研究者たちは、この Performance framework を掲げる研究の多くが「反本質主義」を貫くことはできなかった、と批判することになる（詳細は1.2）。

　Deficiency / Difference / Dominance framework から Performance framework への転換が行われた経緯は Cameron（1996）等に詳しい。これら先行研究による解説では以下のような点が論じられている。前者の枠組みでは女性（あるいは男性）を1つのグループと見なし「女性または男性だから XX という言語形式を使う」「男性と女性の言語使用は異なっている」といった前提を基にしばしば「男性と女性の言語の相違点」を分析した。それに対し後者では、男性／女性という両極的カテゴリーを排し（Bing and Bergvall 1996）、個人が有している属性としてジェンダーを捉えるのではなく、個々の女性（や男性）が繰返しある行動を取ることにより、その状況に特定のアイデンティティーを「演じている（perform）」と考えた。この枠組みでは、ある言語形式は、特定の実践の中で意味を持ち、またそういった言語使用がどのようなジェンダー規範を支えてい

のか（例えば、伝統的な女性らしさといった社会文化的規範を志向しているのか、別の規範を志向しているのか）」を問う（Cameron 1996, Eckert and McConnell-Ginet 2003）。この考え方では、ジェンダーアイデンティティーは「複数で多様」「動的」「形のないもの」などと、捉えられた（Speer and Stokoe 2011: 5）。

　このような、実際の特定の状況における女性または男性の行動を分析しようという研究動向は、英語でだけでなく日本語の応用言語学研究にも存在する。伝統的に日本語では、主に話者の属性に基づいた女性専用語または男性専用語の存在が、文法書や社会言語学研究で記述されてきた。しかし 2000 年代前半には、前述の「反本質主義」の立場に基づき、これら「女性（男性）専用語」の概念は、実は実際の言語使用ではなく、「女性はどう話すべきであるか」という「文化的に優勢な規範である」と再定義された（Okamoto and Smith 2004 など）。同時に、規範と実際の言語使用を混同することなく、実際の談話データに基づき日本女性の言葉遣いの「多様性」を示した研究も数多く存在する。また実際の日本女性の多様な言語選択や、その言語（や周囲の非言語等の様々なリソース）により表されている行動を見ようとする研究が増えている（Okamoto 1995、高崎 1997、Abe 2004、Matsumoto 2004、Okamoto 2004、Ohara 2004、Sunaoshi 2004、Okada 2006, 2008 など）。

1.2　Performance framework に対する会話分析（CA）からの検討及び批判

　前述のように Performance framework では「反本質主義」を掲げ、主に英語をデータとする数多くの研究が、特定の実践の中における女性のアイデンティティー構築をテーマに分析を進めた。しかし、後述する方法論をもつ「会話分析 Conversation Analysis (CA)」の研究者たちは、実はこれらの Performance framework の研究の多くは「本質主義」を排除することができなかったと指摘する。その理由として、参加者の「行動の分析」について、CA の方法論から見て検討が十分でないまま、参加者が「その行動によりジェンダー構築を行っている」と結論づけている研究が多いことを挙げる

(Speer and Stokoe 2011)。例えば、Speer and Stokoe（2011: 7）は、これらの研究では、しばしば実際の相互行為分析から得られたものではない「既存の談話ラベル」でデータを解釈する傾向が見られ、実際に参加者がとっている行動とそれらのラベルを結びつける根拠が弱いと指摘する。同様に、Benwell and Stokoe（2006: 56–57）も、ある実践の中で特定の女性性や男性性を構築していると結論づけた知見（例えば Coates 1996）であっても、実際には、ジェンダー構築「以外」の、「その場の相互行為の要請」による行動をとっていた可能性が十分考慮されていなかったと述べる。この見地に立って、Speer and Stokoe（2011: 8）は、真の構築主義にとって重要なテーマは「どのように人々が現存世界に対する共通認識を保持しているか」であり、このテーマ追求のためには、アイデンティティー構築を含む、すべての行動は「メンバー自身の現象」として分析されなければならない、という基本姿勢を持つ Conversation Analysis（CA）の方法論は有効であると主張する。

　CA は、もともと言語やコミュニケーションを分析するために生まれたのではなく（Heritage 1995）、社会学のエスノメソドロジーを始祖として 1960 年代から 1970 年代に Sacks、Schegloff、Jefferson により始められ（Speer and Stokoe 2011）、「会話者たちが自分たちの行動を示したり他の人の行動を理解しそれを処理したりするときにどのようなメソッド（手続き）をとるのかを記述する」（Heritage and Atkinson 1984: 1）ことを目指している。例えば、アイデンティティー構築という行動の分析に関しても、その分野で追求されているテーマ（例えばジェンダー研究であれば、男女不平等性や男性による女性支配の記述など）があったとしても、分析の前からそれらに影響されることなく、まずは素の目でデータのなかで何が起こっているのか、参加者たちがどのような行動をとっているかをよく見ようとする（Schegloff 1997, ten Have 2007）。

　これらの CA の方法論に拠る研究者たちは、CA がいかにジェンダー研究に貢献可能かを論じているが、その一側面として、これまで一方のジェンダーと結びつけられて論じられてきた様々な言語形式や言語現象について、新たに相互行為の観点から詳細に分析

し直すべきだという「de-gender」(Speer and Stokoe 2011: 20) の方向性がある。その方向性を明確に提示した研究には、Schegloff (1997) による談話分析研究への次のような批判がある。それは簡単に言うと、ある人の、可能性として複数存在するカテゴリーの中から、参加者自身がある特定のカテゴリーに志向していることを、そして、そのことが実際に会話の中で行われていることを、分析者は分析の根拠として示すべきである、という主張である（Schegloff (1997) の詳説は Speer and Stokoe (2011: 10–11) 参照）。Schegloff (1997) は、男性による女性への「遮り」を例にとって、それが男女間のパワーの差に由来するものでなく、その場の相互行為の要請（自分が下した評価に対する相手の弱い反応への対応）であったことを示した。「遮り」については、1970年代に Zimmerman and West (1975) が「男性はしばしば女性を遮っている、パワーが再生産されている」と論じて以来、ジェンダーの観点から多くの研究がその知見の是非を検討したが、結論はでなかった (Kitzinger 2008: 121)。Schegloff (1997) を出発点として、Kitzinger (2008) は、CA の先行研究 (Sacks, Schegloff and Jefferson 1974) に基づき、まずターンテイキングのルールに基いた「文法完結点の予測による重なり」なのか、ターンテイキングのルールに違反した「遮り」なのかを精査した。そして、たとえ後者だとしてもローカルな相互行為を見てみると、遮られる相手に対して「協力的な行動」を示す遮りもあることを示した。同様に、Hepburn and Potter (2011) でも、英語会話で女性が多用すると Lakoff (1975) が主張した「付加疑問文」について、その使用される相互行為文脈を詳細に分析し「de-gender」の方向性を示している (Speer and Stokoe 2011:20)。また、日本語では Okada (2008) も、日本語規範文法でいわゆる「男性専用」としてジェンダーにリンクされてきた動詞命令形（スリーエーネットワーク 1998）が、実はその場の相互行為の文脈の要請にそった行動を表す場合があることを示したことから、これらの研究と同様、「de-gender」の方向性をもっている*1。

1.3　ジェンダー構築とカテゴリー表現

　上記の「de-gender」の方向性を持つ研究では、参加者によるジェンダー構築という行動だけに目を向けるのでなく、その場の相互行為の中で示される行動を見落とさないようにすることが重要なポイントとなっていた。では、これとは逆に、参加者がジェンダーに「志向」して「ジェンダー構築」を行い、そのことについて「共通認識」を持っている状況とは、相互行為的に見ると、どのような場合なのだろうか。

　日本語会話における相互行為の中で、参加者が「ジェンダー構築」を行っている可能性を考察する試みとして、本論では「女の子」というジェンダーカテゴリーが使用されているケースに焦点をあてる。言うまでもなくその際、注意すべきことは、参加者が、女性、女の子、girls、women といったジェンダーカテゴリーを使用しているからといって、必ずしも彼ら彼女らがジェンダー構築を行っているとは限らない点であり、これは以下に示すように、英語データ分析を行った会話分析の先行研究で示されている通りである（Land and Kitzinger 2011, Stokoe 2011, M. Goodwin 2011）。

　カテゴリーについてはSacks（1972: 330）が「The baby cried. The mommy picked it up」という2文の中で「2文目に使われている母は、1文目の赤ん坊の母である」「2文目は、1文目の結果として聞かれている」などの解釈が英語文化の中で「自然」であることを観察し、これらの解釈を可能にしている英語文化の「メンバーシップカテゴリー装置（*membership categorization devices*）」（例えば「家族」「人生の様々な年齢の段階」などの集合体（collection）の存在を指摘した。また、例えばcried という述語部分に関しても「赤ん坊は泣くもの」といった、「あるカテゴリーに結びつけられた活動（*catergory-bound activities*）」があることも指摘した（Sacks 1972: 335）。

　最近のジェンダー分野のCA研究者たちはSacksのこの主張をさらに発展させ、カテゴリーが、それぞれの場の相互行為の目的によって様々な意味を持ち得ることを示した。Stokoe（2011）は、英国の日常会話や大学におけるチュートリアルなど様々な会話の

self-repair（自己修復）の中で用いられる、ジェンダーカテゴリーの機能を分析した。例えば、夫の女性関係について「夫の浮気が、自分と夫の別離の原因となっている」と主張する妻の前で、夫が、自らの（1つの）ターン内部で相手の女性に言及するのに「wo-［man］」を「girl」と言い直す例がある。この例では、Stokoe は Edwards（1998）の分析を引用して、カテゴリー「girl」はこの環境では自分とその女性との恋愛関係を夫婦別離の理由となるほどの深刻さがないものと主張しようとする夫の行動に役立っていると述べる。英語の「girl」は、一般的に、若い、未婚、未熟などの意味があるが、大切なことは、それらが現在の目的である相手は軽い浮気相手であり、それが原因で妻の元を去ったのではないという夫の主張の中で用いられているということである。同様に Land and Kitzinger（2011）は、その場にいる人物が、その瞬間の相互行為の目的に応じたカテゴリーで「自分自身」を描写する例（例えば、自分が電話代を払えないことを正当化するために、「私は学生である」と言って「学生」はお金がないという「文化的属性」を相互行為の中で想起させる、など）様子を示した。さらに、M. Goodwin（2011）は、会話分析とエスノグラフィックな観察の両面から、米国フィラデルフィアやロサンジェルスで収録した子どもの遊び場での「girl」、「boy」といったジェンダーカテゴリー使用を分析し、これらが、女子と男子を比較したり、女子だけ／男子だけのグループとして参加者を分割したり（「border work」とよばれる）、評価シークエンスにおいて女子同士の連帯感を強調する強め、などとして使われていることを示した。

　上述の Sacks（1972）の「メンバーシップカテゴリー装置」や、カテゴリーがそれぞれの場の活動や相互行為の目的に適合した様々な意味を持ち得るという上記の先行研究の知見に基づき、本稿では、男性コーチが男性ボクサーに指導を行う際に使用するジェンダーカテゴリーが、周囲の発話や身体の動きや、前後の会話のシークエンスなどの他の複数のリソースと統合されてどのような行為を構築しているか考察する。より具体的には、この表現のすぐ前に、コーチはパンチの親指位置が悪い例（後述のようにその親指位置は、コー

チにより「だめ」と明示的に評価される）を自分のジェスチャーでデモンストレーションし始める。そしてすぐ続けて、その「だめ」と評価されたジェスチャーについて「女の子パンチだ＝これだったら」と評価する。ここでいう「だめな」悪例デモンストレーションとはどのようなものか、そして「女の子」というカテゴリー表現がどのように悪例デモンストレーションと関連づけられているのかを分析する。

1.4　「評価」の先行研究

　前述のジェンダーカテゴリー先行研究と本論の違いは、本論では、ジェンダーカテゴリーが先行研究のように会話当事者やその場にいない第三者のような「人物」に言及する際ではなく、「女の子パンチ」というように、その場で示されるボクシングの身体形状（パンチを作る手）を評価、記述する際に用いられるという点である。

　評価（assessment）については、CAでは「選好組織（Pomerants 1984）」の観点からの研究がある。この概念では、1つ目のターンの評価に応じる次の評価のターンの構造上の特色（早い、遅いといったタイミング、ターンの長さ）を記述し、この特色によって示される、1つ目のターンの評価内容に対する参加者の期待の度合いを論じた。また「選好組織」（Pomerants 1984）がターンとターンのシークエンスの中で起こる評価の組織分析であったのに対して、Goodwin and Goodwin（1992）は、「1つのターン内部」で複数の参加者が言語や音調や身体動作なども駆使して「活動としての評価」を協働で一瞬一瞬、構築する動的なプロセスを捉えている。この研究では、「beautiful＋名詞X」や、「名詞X is so good」といった発話の中の「assessment segment」（対象Xを描写する「beautiful」や「good」などの評価表現）が起こる前後やその最中の瞬間瞬間の発話や視線などを精査しながら、話し手の「評価活動」がどの時点から始まっており、どのように聞き手がそれを聞き、また実際に起こる前からそれを予測し、それに関わっているか（＝参加しているか）などを分析した。分析の結果、Goodwin and Goodwin（1992: 181）は「話されている事柄に対する参加者

の合同理解」や、「社会人間関係（social organization）」、またそれらによってあぶり出される参加者の文化や、認知状態などを見る上で、「評価という活動」は格好の環境を提供すると結論づける。

　また、これらの研究が英語による日常会話の中の評価を分析したのに対し、2009年に学術誌 *Research on Language and social interaction* で「評価」について特集が組まれた際には、他のヨーロッパ言語（イタリア語、フランス語など）による制度的会話（車の販売店、洋品店など）で用いられる評価も分析された（Lindström and Mondada 2009）。その特集の序章で、編者であるLindström and Mondada は、前述の研究を出発点としながら、より多様な活動に即して、「評価と、それが起こるより大きな活動との相互反映的（reflexive）な関係（＝評価がその活動のローカルな詳細にどのように影響され、またその評価によってどのような活動が形成されるか）」を明らかにしていく必要性を論じている（Lindström and Mondada 2009: 303）。興味深いことに、この指摘は、前述のカテゴリー分析における Kitzenger らの指摘と共通点がある。要は、「評価」であっても「カテゴリー」であっても、それがどのように、より大きな活動、あるいは、その場その瞬間の相互行為の一部となっているのかを見ることは、その評価やカテゴリーの意味（「それが、どのような行動を表すか」）を分析する上で重要な視点であるという指摘である。

　さらに、評価と、その場での活動の「相互反映性」を見る分析の一部として、今後は「評価の対象が相互行為のその場に存在している」環境で、どのように評価という行動の組織化がなされているかも見るべきであると Lindström and Mondada（2009: 306–307）は指摘する。「評価対象が、その場にある」という環境は、それまでの評価の研究では詳細に分析されておらず、彼女らは、例えば、その場で評価対象が、どのように「評価のために」、また「評価の前」に、参加者によって焦点化されるかも、今後研究されなければならない重要な方向性だと述べる。

　本稿の3節で後述するように、本論で焦点をあてる「女の子パンチ」というカテゴリーを用いた評価表現の対象は、その場にある

「ボクシングの身体形状（親指の位置）」であり、その評価表現が起こる前にコーチのジェスチャーにより示されたものであった。3節では、評価の先行研究（Goodwin and Goodwin 1992, Lindström and Mondada 2009）に基づいて、評価対象となっている「身体形状（手）」が、参加者によりどのように焦点化されるかも見る。1.3に提示した研究設問を再掲示すると、「女の子パンチ」というカテゴリーを含む評価表現が、周囲の身体の動きや、前後の会話シークエンスといった他の複数のリソースと統合されてどのような行為を示すのか、またその評価に先行する「だめ」なデモンストレーションとは具体的にどのようなものであり、「女の子パンチ」は、その先行するデモンストレーションにどのように関連づけられているのか、を見る。

　本稿で相互行為分析というとき、次の点でCAに示唆された方法論を指す。前述のようにCAでは、相互行為の中で参加者自身がどのような行為を示し何に志向しているのかという「emic」な視点を拠り所にする。具体的にこの姿勢は3つの相互に関連した主張を含んでいる（Heritage 2005: 105）が、その中で特に3つ目の主張を、本論では分析の手法とする。それは、「次のアクションを創出する時、会話参加者は前のアクションについて理解を示す」（Heritage 2005: 105）という主張である。例えば「時々は私のところに来て私と会ったらどうですか」という話者Bの発話に対して、話者Aが「すみません、最近忙しいんですよ」と謝罪したら話者Aは話者Bの発話を「文句の表明」と解釈している。一方、もし話者Aが「そうしたいです」と招待を受けるかのように返答すれば、話者Aは話者Bの発話を「招待」として理解している（Heritage 1984: 255、翻訳筆者）。このように、2番目の話者（これらの会話例の話者A）は、返答により、前の発話に対する理解を示し、また、「最初の話者は、2番目の話者の返答によって、自分の意図が適切に理解されたかどうかを判断することができる」という。さらに「2番目の話者は自分の返答で表された（最初の話者の発話に対する）理解が適切であったかどうかを、最初の話者による3番目の発話で見ることができる」という（Heritage 1984: 255–257）。も

し自分の意図と違っていた場合は最初の話者は 3 番目の発話で修整を行う。CA はこのように、共同参加者たちが会話シークエンスの中で、協働で、お互いの行動について理解を達成している様相を示そうとする。このような方法論に基づき、本稿では、評価に対するボクサーの反応を分析し、評価がどのような行動として聞き手ボクサーに聞かれているのか、彼がその行動にどのように関わっているのか（＝参加しているのか）を分析する。

　分析の方法論として、ターン内部の一瞬一瞬の行動を詳細に見ていく必要性から、本論では、前述の CA のシークエンス分析に加え、言語、非言語、モノは同時に使用され、お互いに意味を与え合いながら、より大きい人間の行動の一部となりそれを形作っているというマルチモダリティーの観点を取り入れている（C. Goodwin 2000、Streek, Goodwin, LeBaron 2011）。「ジェンダーと言語」研究においても、今後の重要課題としてジェンダー構築と、身体の動き等の言葉以外のリソースの関係性を見る必要性が、Speer and Stokoe (2011) によって指摘されている。本論は、その部分にも貢献し、ジェンダーと身体動作の関連についても考察する。

　本論は以下のような構成になっている。第 2 節で本論のデータについて説明した後、第 3 節では「女の子パンチ」の会話について相互行為分析を行う。最後に、本論のジェンダー研究における貢献を議論し、また相互行為分析研究が教育の現場で果たし得る役割についても論じてまとめとする。

2. 本論で分析するシャドーボクシングのデータについて

　本論で用いるデータは、合計約 470 分の会話データの一部であり、この会話データはすべて北海道地方の一都市にあるボクシングジムにて録画された。データ収集の経緯としては、筆者はこのジムの女性マネージャー兼コーチがテレビ番組で紹介されているのを見て連絡をとり、書面による同意書などの手続きを経てデータ収集許可を得た。約 470 分のデータは 2004 年の春、2005 年の秋冬、2006 年の冬、合計 6 日で録画した（Okada 2008: 168）。録画は

Sony製カメラ（DCR-TRV900）を用い、2004年の春は、同カメラに外部取り付けマイクを用いていたが、録画の音質を向上させるため、それ以降はワイヤレスマイク（UTX-B1とURX-P1）をコーチの衣服に装着してもらい録画した。

　本論で焦点をあてる「女の子パンチ」というカテゴリー表現を含むデータは、男性コーチ1名（鈴木＝仮名）が男性練習生1名（一郎＝仮名）に、鏡の前で「シャドー」とこのジムで呼ばれる練習形態で指導を行う場面である。「シャドー」とはシャドーボクシングの略で、ボクシング教則本には「相手を仮想して攻撃したり防御したりする」練習であり、「目の前に相手がいるつもりで、距離感や角度なども考慮しながら行う」と記述されている（小林2003）。コーチ鈴木はプロボクサー（コーチからの聞きとりよると、このジムでは外部テスターが行うプロテストに合格した者を指す）であるが、彼はこの練習で、同ジムのマネージャーより、練習生一郎のコーチの役割を任じられていた。このジムではプロボクサーではないボクサーはすべて「練習生」と呼ばれ、一郎もその1人である。ここでは、1人で鏡面に向かってパンチのフォームを練習する練習生一郎に対して、コーチ鈴木が口頭やデモンストレーションなどを使ってパンチの手の戻しのタイミングや、パンチの手の構えなどを指導している。

図1　シャドーボクシング

　なお、合計約470分のデータには、このシャドーボクシング練習の他にも、女性コーチ1名と本稿データとは別の男性コーチ1名

が、それぞれ、男性プロボクサーを相手に実際の試合を模した練習をするスパーリング（防御のみの練習相手をリング内で打ったり、練習相手とお互いに打ち合ったりする練習）や、サンドバック練習（室内上部から釣り下げられているサンドバックを打つ練習）などが含まれる。（Okada 2008）

3．カテゴリー表現「女の子パンチ」の分析

前述のように、本稿で分析する「女の子パンチ」というカテゴリー表現は、シャドーボクシングで、コーチ鈴木が悪例のジェスチャーをしている最中に使われている。この悪例デモンストレーションでは、コーチはパンチの親指をまっすぐ伸ばしたジェスチャー（図3）に言及して、「これじゃだめ　女の子パンチだ これだったら」と表現する。図3ではパンチの親指がまっすぐに伸ばされており、図2の親指が内側に曲げられている手の形状と異なっていることが見てとれる。

図2　良い親指の位置　　　　　図3　悪い親指の位置

この章では、図3の親指位置のデモンストレーションの最中に用いられる「女の子パンチ」というカテゴリー表現がどのような行為を示すのか、その行為がどのように「悪例デモンストレーション」と関連づけられているのかについて、また悪例とはどのようなものかについて、問題のカテゴリー表現が起こるシークエンス位置や、他の前後や同時に起こる言語、非言語のリソースを分析しながら考察する。

本データ全体で、身体動作／身体形状へのコーチによる「評価」が起こるシークエンス上の位置の1つとして、ボクサーやコーチの身体動作（パンチ動作等）の最中、または直後がある*2。その中に

は、直前の動作や形状を肯定的に評価する場合（例：ボクサーのストレートパンチの直後、コーチが発する「ナイスストレート」など）がある。また否定的に評価して、訂正（correction）を行っているとボクサーに聞かれている評価（例：パンチのフォーム練習で、パンチを打った直後、腕の返しについて、コーチが「おせえよ（遅いよ）」と言った直後、ボクサーが腕の返しを訂正する）もある。（このような「評価と、その他の行動（批判など）の同時性」については、Lindström and Mondada 2009, Fasulo and Monzoni 2009 参照）*3。

　コーチによる評価がどのような行為を表しているかを分析するために、本稿では、評価へのボクサーの反応をまず観察した。その結果、少なくとも、ボクサーの反応として下記の（a）から（c）が特定された。

（a）コーチによる評価の最中または直後、（ボクサーは）現在継続中のパンチ動作を、そのまま「継続する」。　　　　　　（3.1）

（b）コーチによる評価の最中または直後、（ボクサーは）現在継続中のパンチ動作を完全に「休止」する、あるいは現在休止中であればそのまま「休止し続ける」。　　　　　　（3.2）

（c）コーチによる評価の最中または直後、（ボクサーは）「体を規則的に揺するパンチ準備動作」をするが、まだパンチ動作には至らない。　　　　　　　　　　　　　　　　（3.4 と 3.5）

　後述するように、本稿で焦点をあてる「女の子パンチ」という表現を含む評価の最中、また直後、ボクサー一郎は（c）の「体を規則的に揺するパンチ準備動作」を行っていた。（c）とは、まだパンチを打つには至らないが、全くの休止状態ではない、という上記の（a）と（b）の「中間」のような状態である。

　以下、「女の子パンチ」という表現を含む評価に対する（c）「体を規則的に揺するパンチ準備動作」というボクサーの反応を理解するために、評価の最中または直後で（a）と（b）が起こるはっきりした例をそれぞれ見て行く。その後、それらと比較しながら、（c）でボクサーに反応される「女の子」というカテゴリー表現がどのような行動を構築しているかを考察する。

3.1　評価の最中または直後、ボクサーがパンチ動作をそのまま「継続する」例

このジムでの練習で頻繁に用いられるのは、ボクサーのパンチやパンチ身体動作の直後に起こる、「ナイスアッパー」「(腕の返しが)おせえ（遅い）よ」「(腕が)浮いてるよ」のような例である。ここでは、直前のボクサーの動作に対して「ナイス」「遅い」という形容詞や、「浮いてる」といった「結果の状態」を表す動詞がリソースとして用いられ、それらを含む発話が、ボクサーの身体動作の直後というシークエンス位置に置かれることにより、その動作に対する評価という行為を形成している。この節の例では、この評価のあとも、ボクサーは現在進行中のスパーリングやシャドーボクシングを続けている。例えば、スパーリングでは、会話（1）のような例が見られる。ここでは女性コーチの評価は、プロボクサー小田が直前に打ったアッパーパンチへの評価として発されている。ここでは、「ナイスアッパー」という評価の最中、またその直後も、スパーリングは休止することなく続いていく。

会話（1）
1　　小田：　　((アッパーパンチで相手を打つ))
2→　コーチ：　ナイスアッパー.
3　　小田：　　((スパーリングを続ける))

　会話（1）はスパーリングという、相手が存在する練習であり、かつ前の動きに対して肯定的な評価が下された場合であったので、ボクサーが動きを止めないのは当然かもしれない。しかし、ボクサー1人でパンチ動作を練習するシャドー練習で、かつ直前のパンチに対して否定的評価を下された場合でも、会話（2）のようにボクサーが評価の最中、また直後も、動作の修正は行いながらもパンチ打ちそのものは続けている場合がある。会話（2）は、本論文で焦点をあてる「女の子」パンチという評価が出る少し前のシャドー練習の会話切片で、ここでは男性コーチ鈴木が練習生一郎の「パンチの腕の戻しのタイミング」について「おせえよ（遅いよ）」（2行目）という否定的評価を

下すが、一郎は訂正は行うものの、そのままシャドーボクシング動作を続ける（3,4行目）。コーチは、一郎の次のパンチに続いて「シャドーで手でなかったら本番（.）手：出るわけないだろう」（6行目）と、彼の「パンチの手の動作」について、一般化させた恒常的な教訓を述べる。そして、それらを受けて直した一郎の左パンチ（7行目）については、コーチは「そう」と肯定的評価をする（8行目）。

　一郎の反応として、「おせえよ」というコーチのパンチ評価について、彼は、それが自分の直前のパンチ動作に対する否定的評価であり、かつ自分の直前のパンチへの「訂正」である、と受け止めていることが、コーチの否定的評価（「おせえよ」）に従って一郎が動作を訂正し、それをコーチが「そう」と肯定的に評価していることからわかる。ここでは、「おせーよ」「そう」という評価のあとも一郎のパンチ動作が、そのまま続けられている。

会話（2）（12-21-05 #2, 0:00:39）
((シャドーボクシング練習で))
1　一郎：　((左パンチを打つ))
2→ コーチ：おせえよ.((一郎は、身体を揺するパンチ準備動作))
3　一郎：　((体を揺するパンチ準備動作))
4　一郎：　((左パンチを打つ))
5　一郎：　[((体を揺するパンチ準備動作))
6　コーチ：[シャドーで手:出なかったら本番手:出るわけねえだろう(が).
7　一郎：　((左パンチを打つ))
8→ コーチ：そう.((一郎は体を揺するパンチ準備動作))
9　一郎：　((体を揺するパンチ準備動作))

　会話（2）は、コーチによりまずある評価が行われ、その評価に反応して訂正するボクサーの動きがあり、その訂正された動きに対するコーチの評価が起こる、という会話連鎖がある点で、会話（1）とは異なっている。しかし、共通点としては、ボクサーが「評価」を「直前のパンチへの評価」として受け止め、それらの評価自体がスパーリングやシャドーボクシングという、より大きな活

動を休止させるものでは「ない」と解釈していることである。このことは、ボクサーが評価の直後にすぐ次のパンチを繰り出そうとして「パンチ準備動作」を行い、実際にパンチ動作を行っていることから明らかとなる。

　ボクサーはパンチとパンチの合間に図4のような「パンチ準備動作」を行っている。上記会話（2）の3行目や9行目で、ボクサーが取っている動作である。これは、ボクシングの基本動作であり、ボクサーは前後に開いた両足にバランスよく体重が移動するよう体を動かす「フットワーク」を行っている（コーチからの聞き取り）。ビデオデータでボクサーの全身の動きを見ると、パンチの合間にボクサーは規則的に前後左右に全身を揺らしているように見える。

図4　パンチ準備動作

　会話（2）の3行目や9行目でも、一郎は次のパンチを打つべくこの準備動作を行っている。以上、上記では、評価のあとでもそれまで同様ボクサーがボクシング動作を継続する例を見てきた。次節の会話（3）（上記会話（2）の続き）では、現在の自分の身体の一部（手）の形状についてのコーチの否定的評価（訂正）の最中に、一郎はボクシング動作を完全に休止する。

3.2　評価の最中または直後、ボクサーが現在継続中のパンチ動作を完全に休止するもの、あるいは現在休止中で、そのまま休止し続ける例

　前述のように、上記の会話（2）では、一郎の7行目の左パンチに

ついて、コーチは「そう」と肯定的評価を下し（8行目）、そのあと一郎はそれまでと同様、体を揺らす図4のパンチ準備動作をし、今にもパンチを打とうとしていた（9行目）。しかしその直後、コーチはコーチは一郎の手に触れることにより評価、訂正を行い、一郎は完全に動きを止めてしまう*4。下記の会話（3）ではまず10行目で一郎のパンチの手の「形状」について、コーチは、「固めろ」と言いながら、右手で一郎のパンチを打つ左手の上部に触れ、すぐ続けて「がhhっちり」と言いながら、その左手の甲から手首部分にかけて自分の右手を滑らせ、そのまま一郎の手の甲を強く押して彼のパンチの握りを強めさせる（10行目、図5）。「固めろ」のあたりから、一郎は両腕を上げて構えたまま、全身を揺らすボクシング準備動作を完全に休止し（11行目）、うなづきながら「はい」と言う（12行目）。

会話（3）
7　一郎：　　　（（左パンチを打つ））
8　コーチ：　そう．（（一郎はパンチ準備動作））
9　一郎：　　　（（パンチ準備動作））
10　コーチ：　（（自［分の右手を伸ばし、一郎の左手上部に触れる））
　　　　　　　　　［うん(.)［固めろ＝［がhhっちり．
　　　　　　　　　　　　　　　　　　［（（右手で一郎の左手の甲を強く押す））
11　一郎：　　　　　　　　　［（（（パンチ準備動作を止める））

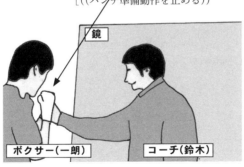

図5　手の甲を押すコーチ

12　一郎：　　　はい．（（うなづきながら））

　この10行目から12行目のシークエンスでコーチは、一郎の現

第3章　「女の子パンチ」にみるジェンダーカテゴリーの相互行為的意味　　59

在の手の甲の状態が「直すべきもの（固めが不足している）」であるいう否定的評価を下し、それと同時に彼の手の形状を「訂正」しているように見える。この行為は「固めろ＝がhhっちり」というコーチの指令形の言語形式だけでは理解できない。ここでは、「固める」という他動詞の統語上の目的語は言語形式では表されておらず、「一郎の手」というモノが、それを押さえるコーチの右手ジェスチャーにより、動詞「固める」の対象物であると示されている。言い換えると、一郎の左手の存在、コーチの「固めろ」と言いつつ自分の右手で一郎の左手に触れる動作、また「がhhっちり」で彼の手の甲から手首部分にかけて強く押すかのようなコーチの動作、これらのリソースがほぼ同時に並置されている全体を見ることにより、コーチは、現在の一郎の手の状態について「握りが不足しているものとして否定的に評価」し、同時に、それを「身体的に訂正（押すことにより現在より握る力を強める）」していることがわかる。

　さらに、ここではコーチが「固めろ＝がっちり」という動詞句とともにボクサーの手に「触れる」ことにより、対象物への焦点化が起こっている。このような動詞の表す動作の対象（つまり統語上の他動詞の目的語）が、言語でなく身体動作で示される現象については、スウェーデン語などの数言語によるダンス指導時の講師によるデモンストレーション場面を分析した Keevaliik（2013）によっても観察されている。Keevaliik（2013）によれば、これらの言語は語順として「動詞のあと」に目的語が置かれる言語であり、その統語上の制約を反映して「まず動詞がきて、そのあとで身体動作（としての目的語）」という順序が圧倒的に多いという。これらの言語の語順は先行する動詞の後に身体動作が来ることを統語上、投射する（project）という。それに対して、本論では、「固めろ＝がっちり」という言語、その対象物である一郎の左手、それに触れてそれを握るコーチの手や動作といったすべてのリソースは、10行目で「ほぼ同時に」使用されており、前後のシークエンスのタイミングによって「投射（projection）」の概念を見いだすことは難しいようにみえる*5。

　さらに、このような「評価の対象物への焦点化」という観点について、Lindström and Mondada（2009）は、評価の対象物がその

場に存在する場合、評価の「前に」、その対象物への焦点が確立される場合について論じている。これに対して、本稿のデータでは、評価（および訂正）と、評価訂正の対象物への焦点化が同時に起こっており、それを可能にしているリソースはコーチがボクサーの手に直接触れていることである。

　このように会話（3）では、会話（1）（2）と異なり、コーチが評価対象に直接触れることにより評価／訂正が行うが、その最中や直後のボクサーの反応は、会話（3）11行目で示すように、それまで続けて来た体を揺らす全身動作やパンチ動作を完全に休止し、直されるままになっている。ここでは身体の一部に触れられて、全身を揺らす動作を休止しているのである。

　上記会話（3）に続く会話（4）でも、コーチは、今度は彼の親指に直接触れることにより「評価対象の焦点化」「否定的評価」及び「訂正」を行い、その最中、直後も、一郎は全体のパンチ打ち動作を休止したまま再開しない（12～14行目）。下記の会話（4）の冒頭、一郎の「はい」という12行目の返事に重なって、コーチは上記会話（3）で一郎の左手の甲に触れた自分の右手でそのまま一郎の手を軽く自分の方へ引きよせ焦点化を始める（12行目）。そして右手で一郎の手を掴んだまま、もう片方の手で一郎の指を曲げ（13行目、図6）、続けて「親指入れないとダメだぞ」と言いながら一郎の親指を自分の左こぶしで軽く3～4回たたく（14行目、図7）。ここでも「親指入れないとダメだぞ」という発話と、一郎の親指を曲げたりたたいたりする身体動作（13、14行目）によって、コーチは一郎のそれまでの「伸びた親指の位置」を「ダメな形状」として評価し、訂正（親指を曲げる）を行っていることがわかる。さらにここでは、これらの評価、訂正にすぐ続けて、14行目でコーチは「ナックル作れねーからな」と、親指をまげるべき「理由（account）」（Parry 2013）を追加する。ナックルとは、パンチの手の第3関節（指の付け根）から指の幅2本分の範囲の「指の背」を指し、その部分にバンデージを巻き相手を打つことになる面である（コーチからの聞き取り）。この理由づけにより、親指を曲げるのはパンチの指の背に平らな面（ナックル）を作るためであり、

親指を入れない、つまり平らな面ができないパンチは「悪い形状」であることが明らかとなる。一郎はこの理由の末尾まで、ずっと自分の手を見ており、ボクシング動作は休止したままである。

会話 (4)

12　一郎：　　［はい.(((15行目まで、パンチ準備動作を休止している))
　　コーチ：　［(((甲に触れている右手で、そのまま一郎の左手を自分の方に引き寄せる))

13　コーチ：　(((自分の右手を一郎の手に添えたまま、左手で一郎の指に触れて曲げる))

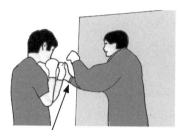

図6　一郎の指を曲げるコーチ　　図7　一郎の親指をたたくコーチ

14　コーチ：　［親指入れないと　［だめだぞ＝ナックル作れねえから［な.
　　　　　　　［(((自分の左手で一郎の親指を数回たたく
　　　　　　　　　　　　　　　　　［(((両手を下ろし始め、一郎から離れる

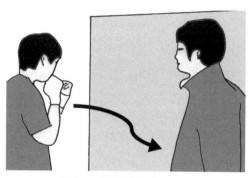

図8　一郎から離れたコーチ

15　一郎：　　　　　　　　　　　　　　　　　　　　　　　　　　　［(((パンチ

準備を再開し、そのまま継続する））

16　一郎：　はい.（（準備動作しながら））

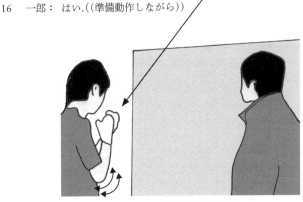

図9　パンチ準備動作をする一郎

　このように、上記のコーチの評価（訂正）、理由付けに対して、ボクサー一郎は、14行目のコーチの発話「ナックル作れねえからな」の「から」のあたりまで、体を動かさないで、コーチに直されている自分の左手を見ている。一郎がパンチの準備動作を再開するのは、14行目の「ナックル作れねえからな」という発話末の助詞「な」のあたりからであるが、このタイミングについては次節で分析する。以上、会話（3）と（4）では、相手の身体に触れる評価（および訂正）の最中と直後に一郎が完全にパンチ動作を休止している例を見てきた。

3.3　パンチ動作再開可能なタイミングは　どのようにモニターされるか

　このように評価あるいは訂正といったコーチの指導に対して、ボクサーはパンチ動作をそのまま継続するべきか、休止するべきか、あるいは今現在休止しているのならば、いつ再開すべきか、を判断するタスクに直面する。パンチ動作を継続、中止、いつ再開すべきかを含め、その瞬間の活動の状態についてどのような動きが適切な「参加」（Goodwin and Goodwin 2004）なのか、について、コーチも一郎も「お互いの（行動の）モニター」（M.Goodwin 1980）を重ねている。

上記の会話（4）の最後15、16行目部分では、一郎は、自分の親指に触れて直すコーチの指導の（可能な）終結点に志向し、パンチ準備動作を再開する。まず14行目で、コーチは「親指入れないとダメだぞ」の「ダメだぞ」で一郎に触れる両手を下ろし始め、「ナックル作れねえからな」で、一郎から体全体を離し距離をとる（会話（4）14行目、図8）。一郎は、これらコーチによる「手の下し」や「自分から離れる身体の動き」が、自分の親指を触って直す指導（会話（3）（4）の評価、訂正）の終結点になり得る、と解釈している。というのは、コーチの「ナックル作れねえからな」の発話末で、一郎は正面を向いて、目と肩の高さに両腕を上げ、体を揺らすパンチ準備動作を再開し、「はい」と言いながら（16行目）数秒間程度、鏡に向かってこの準備動作を続けるからである。一郎は、このパンチ準備動作の再開により、自分の親指を触って直すコーチの指導が終結点を迎えているようだ、と解釈していることがわかる。同時に、ここでの正面を向いたパンチ準備動作はボクサーがこれからパンチを打つことに志向する際の動作と考えられる。ただし、注目すべきは、ここで一郎が数秒ほど続けているのはあくまでもまだ準備動作であり、会話（2）のような、腕を伸ばして打つフルのパンチ動作を再開するには至っていない点である。コーチも一郎の準備動作を見ているだけで一郎の反応に異議を唱えない。

3.4 「女の子パンチ」が起こるシークエンス上の位置

　下記の会話（5）は、会話（4）の少しあとの会話切片であり、本稿の焦点となる「女の子パンチ」というカテゴリー表現が使われている場面である（会話（5）31行目）。前述のように、「女の子パンチ」という表現が使われるのは、一郎がパンチ準備動作を行っている最中である。会話（5）の直前及び会話（5）の冒頭まで一郎は準備動作をやめていたが、それを再開し継続していた。

3.4.1　会話（5）：悪例のデモンストレーションとしての 「女の子パンチ」

　会話（5）の直前で、コーチは一郎に対して、自分の腕を使って

「下腕部分を張ってパンチを打つ」デモンストレーションをしていた。会話（5）冒頭はそのデモンストレーションの最後の部分である。

会話（5）
28　コーチ：［ここで張っ　　［て　［(0.8)［打つん［だよ．
　　　　　　［（（左腕に触る　［（（自分の左腕を右手で2回たたく））．
　　　　　　　　　　　　　　　　［（（両手を下ろす））
29　一郎：［準備動作休止中 ………………　　［（（鏡に向き直り試すかのような小さい左手パンチ3回））
　　　コーチ：　　　　　　　　　　　　　　　　［（（一郎のパンチ動作を見ている））

図10　試すようなパンチ動作をする一郎　　図11　パンチ準備動作をする一郎

30　一郎：（（パンチ準備動作に入り、この会話最後まで継続））
31　コーチ：　　　［親指［しhっかり握　る［(.)こうじゃだhめ↑女の子パンチだ＝
　　　　　　　（（好［例ジェスチャー　　　　　［悪例ジェスチャー34行目冒頭まで継続…

 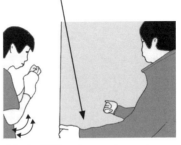

図12　好例のデモンストレーション　　図13　悪例のデモンストレーション

32　一郎：　　　　　　　［（（コーチを見る…［ジェスチャーを見る…準備動作は継続…

第3章　「女の子パンチ」にみるジェンダーカテゴリーの相互行為的意味　　65

図14　両手を下ろし握り直す一郎

33　一郎：　　　　　　　　　　　　　［((両手を上下させる…準備動作は継続…

34　コーチ：　=これ［だったら.
　　　　　　　………［(((悪例デモンストレーションをしていた両腕を下げる))

35　一郎：　　はい.((「はい」の直後コーチから正面の鏡に向き直る。準備動作は継続))

36　コーチ：　で軽く握った状態からだよ.こう軽く握った状態から((準備動作しながら))
　　　　　　　［飛ばす:(.)　　［飛ばす:(.)　　［飛ばす:(.)　　［飛ばす:(.).
　　　　　　　［((右パンチ))　［((右パンチ))　［((右パンチ))　［((右パンチ))

　以下、まずは一郎の反応を中心に、この会話（5）の冒頭から、「女の子パンチ」（31行目）までの流れを概観する。一郎は、28行目で、腕は目の位置に上げてはいるが、体をコーチのデモンストレーションに向け、全身を揺らすボクシング準備動作は休止している。コーチは、28行目のデモンストレーションの発話末尾の「…打つんだよ」のあたりで、彼がそれまでデモンストレーションをしていた両手を下ろす。同時に、一郎もコーチから視線を外しシャドー用の鏡のある正面に向き直り、自分も腕を完全には伸ばしきらない状態で、あたかも試してみるかのような小さな左手パンチ動作を3回行う（29行目、図10）。ここでは、一郎はコーチから目を逸らし、正面の鏡に向かって、小規模なパンチ動作を行っていることから、28行目で行われたコーチのデモンストレーションが終結し

ている可能性に志向していることがわかる。ただし、一郎がここで行っているパンチ動作は動きを抑えた小規模な動作であり、彼が会話（2）で行ったような完全に腕を伸ばすフルのパンチ動作でない。

　そして、一郎はこれら小さい左手パンチ動作を3回した後、続けて一郎はより大きくリズミカルに体全体を揺らしはじめ、「パンチの準備動作」に入る（30行目、図11）。この準備動作開始も、彼が少しずつフルのパンチ動作の再開に向かって歩を進めていることを示している。しかし、彼は、まだ実際のシャドーパンチの動作には至っていない。一郎による、29行目のごく小さい振りの3回のパンチ動作、そしてそれに続く30行目の準備動作の最中、ずっとコーチは前の指導は終わったかのように、手を完全に下げ、黙って一郎のこれらの動作を見ている。

　しかし、その直後、31行目でコーチは、（30行目でパンチ準備動作を再開している）一郎に向かって、再度、自分の両腕を使った好例と悪例のデモンストレーションを行う。コーチは、自分の両腕を上げ、「親指しっかり握る」と言いながら、両手の親指を手の内側に握った好例のデモンストレーションを行い（31行目前半、図12）、すぐ続けて、「こうじゃだhめ↑」と言いながら、握った両手の親指を伸ばし悪例のデモンストレーションも行う（31行目後半、図13）。この発話の指示詞「こう」（31行目後半）、は、直前で開始される「親指を伸ばした指のジェスチャー」を指す。その後、コーチはすぐ続けて「女の子パンチだ＝これだったら」とコメントする（31行目後半、34行目）が、この発話の指示詞「これ」（34行目）も、継続している「親指を伸ばした指のジェスチャー」を指す。「これだったら」の「だったら」で、コーチは悪例ジェスチャーを休止する。

　コーチによる、「こうじゃだhめ↑女の子パンチだ＝これだったら」という発話、及び、悪例ジェスチャー（31行目中盤から34行目冒頭近くまで継続）について、一郎は、まだ、直前の好例で始まった親指形状への指導が終結していない、という解釈を示している。というのは、彼はその間、まだフルのシャドーのパンチには進まないで、握りの訂正（33行目）をおこないつつも、30行目から

続く体を揺らす準備動作をそのまま継続しているからである。この流れを詳細に見ると、一郎は、コーチの31行目前半の「親指しっかり握る」の「しっかり」でコーチを向き、「握る」の「る」でコーチのジェスチャーを見はじめる。一郎は「握る」の直後、パンチの手を一瞬上下させて、握り直すかのような動作をする（33行目、図14）。この動作をすることから、一郎はコーチの「親指しっかり握る」が、自分の握り方を訂正していると受け止めていると考えられる。一郎は、手の握りを直している間も、また続くコーチの「こうじゃだｈｍ↑女の子パンチだ＝これだったら」の間も、ずっとパンチ準備動作を継続し、実際のパンチに進んでいない。また、この間、継続してコーチのジェスチャーを見ている。このように一郎は、「女の子パンチだ＝これだったら」の間、まだ直前の好例で始まった親指形状に関する指導が続いているという解釈を示している。

　また、コーチ自身も、親指を握った好例と、「だめ」と形容される悪例を「連続」させ「Aであり、Bでない」ことを示す行為に志向しているように見える。というのは、コーチの31行目の身体動作のタイミングを観察すると、最初の好例の親指を握り込むジェスチャーから悪例ジェスチャーへ移行するタイミングは、悪例に言及する31行目中盤の発話「こうじゃだめ」より若干早く（「こうじゃだめ」の前のポーズが悪例ジェスチャーの起点）、コーチは身体的には一連の動きとして、「好例→悪例」の動きを構築しているように見える（身体動作がそれに言及する言語より早く始動する現象はFasulo and Monzoni 2009, Keevallik 2013）。また、好例と悪例のジェスチャーは形状が類似しており（図12、13）、比較点は親指を握るか伸ばすかだけに見える。後半の親指を伸ばしたジェスチャーは「だめ」と評価され、それは前半のジェスチャーのようには「親指をしっかり握れていない」からであると考えられる。

3.5　悪いジェスチャー「解説」としての「女の子パンチだ＝これだったら」

31行目中盤で「親指を伸ばしたジェスチャー」が「だめ」であることがコーチにより明示的に示されていた。では、その直後に続

く、本論の焦点であるカテゴリー表現を含む「女の子パンチだ＝これだったら」(31行目後半及び34行目)は、先行する「親指を伸ばしたジェスチャー」が「だめ」であること(「こうじゃだめ」)と、どのような関係があるのだろうか。

　本稿分析では、「こうじゃだめ」と「女の子パンチだ＝これだったら」は意味的にまとまっており、後者は前者の「解説」として追加されていると考える。その理由の1つとして、指示詞「こう」(「こうじゃだめ」)と、「これ」(「女の子パンチだ＝これだったら」)が、同一の悪例ジェスチャーに言及している点が挙げられる(下記会話(6)として掲載の、会話(5)31～34行目の全体図参照)。

会話(6)　会話(5)の31～34行目の全体図

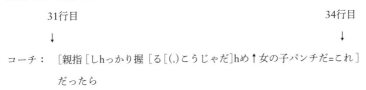

コーチ：　［親指［しｈっかり握［る[(.)こうじゃだ]hめ↑女の子パンチだ＝これ］
　　　　　だったら
　　　　　好［例ジェスチャー　　　　　　［悪例ジェスチャー………………］
一郎：　準備動作は継続…………［手を上下させる］……準備動作は継続……
　　　　　　　　　　［コーチを見る　［ジェスチャーを見る………………

　上記に示すように、悪例ジェスチャーは「こうじゃだめ」の直前に始まり、「女の子パンチだ＝これだったら」の「これ」まで継続しており、コーチはこの同一のジェスチャーについて「だめ」という評価、また「女の子パンチ」という2つの評価を下している。この点において、「こうじゃだめ」と「女の子パンチだ＝これだったら」は意味的にまとまっていると考えられる。

　また、「女の子パンチだ＝これだったら」が「こうじゃだめ」の「解説」と考えられるもう1つの理由は、「女の子パンチだ＝これだったら」が起こるタイミングである。上記の会話(6)に掲載の会話(5)31～34行目の全体図を詳細に見ると、この発話が起こるタイミングは、一郎の握り直す動作が終わったあと、つまり一郎が訂正を既に行った後である(一郎の訂正は、コーチによる悪例

ジェスチャーの起点と重なり、「こうじゃだめ」の「だ」のあたりで終わっている)。つまり、コーチは、一郎が訂正するかどうかだけを問題にしておらず、訂正した「あと」も悪い形状への「解説」を追加し「指導」を行っているのである。このように本稿の焦点である「女の子パンチだ＝これだったら」という発話は、前出の「だめ」なジェスチャーに「解説を加える」行為に使われていた。前述のように、コーチによる「女の子パンチだ＝これだったら」の「これ」は、「だめ」なジェスチャーに言及している。「女の子パンチ」は、好例のようには「親指をしっかり握れていない」パンチ、つまり握る力の弱い「だめな」パンチということになる。

　この解説のあと 34 行目でコーチは、腕を下ろしてデモンストレーションを終え、一郎は「はい」と言って正面に向き直り、準備動作を続ける（35 行目）。その後コーチは、すぐ「で軽く握った状態からだよ．こう軽く握った状態から、飛ばす、飛ばす．」と、「手を握る→パンチを飛ばす」という動作の起点を表す助詞「から」を用いて、明示的に動きの次の段階のトピック「パンチを飛ばす」に入る（36 行目）。

4. 議論と結び

　本論の分析では、「女の子パンチ」という評価は、コーチにより、親指を伸ばした「だめ」な身体形状を「解説する」のに用いられていた。コーチは、ボクサーが親指を訂正したかどうかだけにとどまらず、彼の訂正後も親指を伸ばした身体形状について、それが「だめな」理由を「解説」し「指導」を行っていた。ボクサーからも、その解説については、好例から続く親指の形状指導がまだ続いていると解釈されていた。ボクサー一郎は、「女の子パンチ」というカテゴリー使用の前後また最中、「パンチ準備動作」を休止することなく行い、しかし、まだ実際のパンチ動作には進んではいなかった。この点で「女の子パンチ」という評価は、評価の直後、そのままパンチ動作が継続される評価（3.1）や、パンチ動作完全休止で反応

される評価（3.2）とは異なっている。ボクサーは、パンチ動作と休止状態の中間で、「女の子パンチ」という「解説」をただ聞いているのである。コーチも一郎の準備動作継続に異議を唱えることもなく、会話（5）の最後で、「親指形状の指導」から、ボクシングの動きの次の段階である「パンチを飛ばす」に移っていた。

　Sacks（1992 Volume 1, Part I, Lecture 6: 40）が述べるように、カテゴリー表現は「inference rich」であり、文化的に様々な意味を持ち得る。日本語で「女の子」が評価として用いられる場合も、例えば、「女性」と比べて「若い」とか、「可愛い」「未熟」など様々な文化的なイメージが想起される。本稿の会話（5）の「女の子パンチ」というカテゴリーは、前述のように、この場に特定の「指を伸ばした親指形状」が「だめな」ことを解説する行為に使われていた。コーチは、ボクサー一郎が握りを訂正したあと、このカテゴリー表現を追加し、ここでは、「女の子」は「しっかり握れていない」「握る力の弱い」手の形状と結びつけられ、その手によって打たれる「パンチ」として提示されていた。そして、それはボクシング動作にとって「だめ」であり、不適切なものであった。また、この「女の子」というカテゴリーによる「解説」について、一郎は特に問題にするでもなくパンチ準備動作を続けて何事もなく取り扱っていた。本論データでは、パンチの手の形状についての「好例に比較される悪例への解説付加」という、この場での相互行為上の目的に埋め込まれた形で、「女の子はボクシング動作に向かない」というジェンダー意識がコーチにより創出されていたといえる。

　参加者は、ボクシング練習の中で常にジェンダーに志向しているわけでない（Okada 2008）。しかし、そのような側面を持つスポーツ領域の練習であっても、本稿のように、「女の子」は握る力が弱くボクシングに向かない、というジェンダー意識が創出される一瞬がある。Kitzinger（2008）らが指摘するように、それを見ることを可能にするのが、シークエンス位置の中で、または同時に使われる言語や非言語、身体の役割を微視的に分析する相互行為分析といえる。こういった相互行為分析は、「言語とジェンダー」領域に貢献できるだけでない。実世界への応用としても、大学の授業等

でこのような相互行為分析を示すことにより、日常の何気ないやりとりの中で創出されてしまうジェンダー意識を可視化し、学生に気づきを与えることは、教育的にも意義があると考えられる。

　最後に、本稿で見た「パンチ準備動作」、つまり完全なパンチ動作休止ではないが、フルのパンチを打ってもいない状態が、このジムの相互行為の中で担っている役割はどのようなものだろうか。この準備動作は、会話（2）でボクサー自身が示したように、これからパンチを打つことに志向した準備動作であった。このジムでは、練習中の様々な活動の瞬間に適切な参加について、今、どのような行動をとるべきなのかを言語で確認しあうことはあまりなく、相手の言語非言語行動や身体等をお互いにモニターしあう（M. Goodwin 1980）ことが、コーチやボクサーにとって、次の適切な出方を決める上で不可欠であった（Okada 2013）。そのような要請にとって、相手の出方について様子見ができて、かつ、会話（5）のように自らの動作を止めずにコーチの指導を見たり聞いたりすることができる「準備動作」は、相互行為上、大変便利なリソースであると言える。このことについてはまた稿を改めて分析する。

謝辞：本論のデータ分析について、当該ジムのコーチやボクサーの方々より大変貴重なご助言をいただきました。また関西会話分析研究会において参加者の方々より本稿のデータ分析について多くの重要なご指摘を賜りました。さらに米国ウィスコンシン大学マディソン校の森純子教授、また札幌における相互行為分析研究会「HOKCII」の参加者の方々からも、様々な側面からの研究上のサポートをいただきました。この場を借りて皆様に厚くお礼申し上げます。本稿に関する至らない点は全て著者に帰するものです。

＊1　De-gender の方向性を日本語に応用することは意義深いことだと言える。日本語で、男性専用語、女性専用語と考えられてきた言語形式について相互行為の観点から分析し直すことにより、日本語のような「sex-exclusive な違い」（Talbot 2010）があると信じられている言語でさえも、ジェンダーだけでなく相互行為文脈がその形式使用に深く関わっていることを示すことができれば、「ジェンダーと言語研究」全体に新たな知識を加え貢献することが可能であると考えられる（Amy Sheldon, 私信）。

*2 本稿データ中の「評価」には、必ずしもその場の直前の身体動作について、その善し悪しなどの評価を述べる場合だけでなく、将来、ボクサーが使うべきパンチについて評価を述べる場合（例：「ワンツー（というパンチは）」「相手（を）倒しやすい」（効果的なパンチという大意））もある。

*3 Fasulo and Monzoni (2009) も、評価される対象が評価（洋服アトリエにおける洋服についての評価）のその場にあり、否定的評価と訂正が同時に起こっている例を分析した。本稿との類似点の1つは、評価される対象が「その場にあり、そこで形を変えることができるもの」である、ということである（本稿ではボクサーの手の形状、Fasulo and Monzoni では洋服の形状）。相違点は、Fasulo and Monzoni では、評価対象への焦点化が評価の「前に」行われていること、本稿では、会話（3）の分析で示すように、焦点化と評価（と訂正）が「ほぼ同時に」行われていることである。

*4 参加者が他の参加者の身体に触れることの相互行為的な役割の分析については数々の先行研究（Cekaite 2015, Mondada 2014等）がその重要性を指摘している。例えば、Cekaite (2015) は、家庭や小学校で親や教師が子どもの身体に触れて指示を出すデータを分析している。

*5 リソース使用の同時性は、日本語が、規範文法において目的語が動詞より前に来る語順をもつ言語であることと関連があるのかもしれないが、その点は今後の分析が必要である。

参考文献

Abe, Hideko (2004) Lesbian bar talk in Shinjuku, Tokyo. In Shigeko Okamoto and Janet S. Smith (eds.) *Japanese Language, Gender, and Ideology: Cultural Models and Real People.* pp.205–221. New York: Oxford University Press.

Benwell, Bethan and Elizabeth Stokoe (2006) *Discourse and Identity.* Edinburgh: Edinburgh University Press.

Bing, Janet M. and Victorial L. Bergvall (1996) The question of questions: beyond binary thinking. In Victoria L. Bergvall, Janet M. Bing, and Alice F. Freed (eds.) *Rethinking language and gender research: Theory and practice.* pp.1–30. London: Addison Wesley Longman.

Cameron, Deborah (1996) The language-gender interface: challenging co-optation. In Victoria L. Bergvall, Janet M. Bing, and Alice F. Freed (eds.) *Rethinking language and gender research: Theory and practice.* pp.31–53. London: Addison Wesley Longman.

Cekaite, Asta (2015) The coordination of talk and touch in Adults' directives to children: Touch and social control. *Research on language and social interaction* 48(2): pp.152–175.

Coates, Jennifer (1996) *Women talk.* Oxford: Blackwell.

Eckert, Penelope and Sally McConnell-Ginet (2003) *Language and gender.* Cambridge: Cambridge University Press.

Edwards, Derek (1998) The relevant thing about her: Social identity categories in use. In Charles Antaki and Sue Widdicombe (eds.) *Identities in talk*. pp.15–33. London: Sage.

Fasulo, Alessandra and Chiara Monzoni (2009) Assessing mutable objects: A multimodal analysis. *Research on Language and Social Interaction* 42 (4): pp.362–376.

Goodwin, Charles (2000) Action and embodiment within situated human interaction. *Journal of Pragmatics* 32: pp.1489–1522.

Goodwin, Charles and Marjorie H. Goodwin (1992) Assessments and the construction of context. In Alessandro Duranti and Charles Goodwin (eds.) *Rethinking context: Language as an interactive phenomenon*. pp.147–190. Cambridge: Cambridge University Press.

Goodwin, Charles and Marjorie H. Goodwin (2004) Participation. In Alessandro Duranti (ed.) *A companion to Linguistic Anthropology*, pp.222–244. Malden, MA: Blackwell.

Goodwin, Marjorie H. (1980) Processes of mutual monitoring implicated in the production of description sequences. *Sociological Inquiry* 50(3–4): pp.303–317.

Goodwin, Marjorie H. (2011) Engendering children's play: Person reference in children's conflictual interaction. In Susan A. Speer. and Elizabeth Stokoe (eds.) *Conversation and Gender*, pp.250–271. Cambridge: Cambridge University Press.

Have, Paul ten (2007) Doing conversation analysis: A practical guide, Second edition. Los Angels: Sage.

Hepburn, Alexa and Jonathan Potter (2011) Recipients designed: tag questions and gender. In Susan Speer A. and Elizabeth Stokoe (eds.) Conversation and Gender, pp.135–152. Cambridge: Cambridge University Press.

Heritage, John (1984) *Garfinkel and Ethnomethodology*. Cambridge: Polity Press.

Heritage, John (1995) Conversation Analysis: methodological aspects. In Uta M. Quasthoff (ed.) *Aspects of Oral Communication*, pp.391–418. Berlin: Walter De Gruyter.

Heritage, John (2005) Conversation Analysis and institutional talk.In Kristine L Fitch. and Robert E. Sanders (eds.) *Handbook of Language and Social Interaction*. pp.103–147. Mahwah: Lawrence Erlbaum Associates.

Heritage, John and J. Maxwell Atkinson. (1984) *Introduction*, In J. Maxwell Atkinson and John Heritage (eds.) *Structures of Social Action: Studies in Conversation Analysis*. pp.1–15. Cambridge: Cambridge University Press.

Keevallik, Leelo (2013) The interdependence of bodily demonstrations and clausal syntax. *Research on language and social interaction* 46(1): pp.1–21.

Kitzinger,Celia (2008) Conversation Analysis: Technical matters for gender research. In Kate Harrington, Lia Litosseliti, Helen Sauntson, and Jane Sunderland (eds.) *Gender and language research methodologies*, pp.119–

138. Basingstoke: Palgrave.

小林セレス（2003）『リングで打ち勝つテクニック　ボクシング上達BOOK』成美堂出版

Lakoff, Robin (1975) *Language and women's place*. New York: Harper & Row.

Land, Victoria and Celia Kitzinger (2011) Categories in talk-in-interaction: gendering speaker and recipient. In Susan Speer A. and Elizabeth Stokoe (eds.) *Conversation and Gender*, pp.48–63. Cambridge: Cambridge University Press.

Lindström, Anna and Lovenza Mondada (2009) Asessments in social interaction: introduction to the special issue. *Research on language and social interaction*, 42(4): pp.299–308.

Matsumoto, Yoshiko (2004) Alternative femininity: personae of middle-aged mothers. In Shigeko Okamoto and Janet S. Smith (eds.) *Japanese Language, Gender, and Ideology: Cultural Models and Real People*, pp.240–255. New York: Oxford University Press.

Mondada, Lorenza (2014) Instructions in the operating room: how the surgeon directs their assistant's hands. *Discourse Studies* 16(2): pp.131–161.

Ohara, Yumiko (2004) Prosody and gender in workplace interaction: exploring constraints and resources in the use of Japanese. In Shigeko Okamoto and Janet S. Smith (eds.) *Japanese Language, Gender, and Ideology: Cultural Models and Real People*, pp.222–239. New York: Oxford University Press.

Okada, Misao (2006) Seaker's sex or discourse activities?: A micro –discourse– based account of usage of nonparticle questions in Japanese, *Language in Society* 35(3): pp.341–356.

Okada, Misao (2008) When the coach is a woman: the situational meanings of so-called masculine directives in a Japanese boxing gym. In Junko Mori and Amy Snyder Ohta (eds.) *Japanese Applied Linguistics: Discourse and social perspectives*, pp.160–187. London: Continuum.

Okada, Misao (2013) Embodied interactional competence in boxing practice: Coparticipants'joint accomplishment of a teaching and leaning activity. *Language and Communication* 33: pp.390–403.

Okamoto, Shigeko (1995) "Tasteless" Japanese: Less "feminine" speech among young Japanese women. In Kira Hall and Mary Bucholtz (eds.) *Gender Articulated: Language and the Socially Constructed Self*. pp.297–325. New York: Routledge.

Okamoto, Shigeko (2004) Ideology in linguistic practice and analysis: gender and politeness in Japanese revisited. In Shigeko Okamoto and Janet S. Smith (eds.) *Japanese Language, Gender, and Ideology: Cultural Models and Real People*, pp.38–56. New York: Oxford University Press.

Okamoto, Shigeko and Janet S. Smith (2004), Introduction, In Shigeko Okamoto and Janet S. Smith (eds.) *Japanese Language, Gender, and Ideology: Cultural Models and Real People*, pp.3–20. New York: Oxford University Press.

Parry, Ruth (2013) Giving reasons for doing something now or at some other time. *Research on Language and social interaction* 46(2): pp.105–124.

Pomerantz, Anita (1984) Agreeing and disagreeing with assessments: Some features of preferred/dispreferrd turn shapes. In J. Maxwell Atkinson and John Heritage (eds.) *Structures of Social Action: Studies in Conversation Analysis*. pp.1–15. Cambridge: Cambridge University Press.

Sacks, Harvey (1972) On the analyzability of stories by children. In John Gumperz and Dell Hymes (eds.) *Directions in Sociolinguistics: The Ethnography of communication*, pp.325–345. New York: Basil Blackwell.

Sacks, Harvey (1992) *Lectures on conversation Volumes I & II*. Oxford: Basil Blackwell.

Sacks, Harvey, Emanuel A.Schegloff, and Gail Jefferson (1974) A simplest systematics for the organization of turn-taking for conversation. *Language* 50(4):pp. 696–735.

Schegloff, Emanuel A. (1997) Whose text? Whose context? *Discourse and Society* 8(2): pp.165–187.

Speer, Susan A. and Elizabeth Stokoe (2011) An introduction to conversation and gender. In Susan Speer A. and Elizabeth Stokoe (eds.) *Conversation and Gender*, pp.1–27. Cambridge: Cambridge University Press.

Stokoe, Elizabeth (2011) 'Girl-woman-sorry!: On the repair and non-repair of consecutive gender categories. In Susan Speer A. and Elizabeth Stokoe (eds.) *Conversation and Gender*, pp.85–111. Cambridge: Cambridge University Press.

Streeck,Jürgen, Charles Goodwin and Curtis LeBaron. (2011) Embodied interaction in the material world: An introduction. In Jürgen Streeck, Charles Goodwin and Curtis LeBaron (eds.) *Embodied interaction: Language and body in the material world*. pp.1–26 Cambridge: Cambridge University Press.

Sunaoshi, Yukako (2004) Farm women's professional discourse in Ibaraki. In Shigeko Okamoto and Janet S. Smith (eds.) *Japanese Language, Gender, and Ideology: Cultural Models and Real People*, pp.187–204. New York: Oxford University Press.

Talbot, Mary (2010) *Language and Gender* 2nd edition, Malden, MA: Polity Press.

高崎みどり（1997）「女性の働き方とことばの多様性」現代日本語研究会編『女性のことば　職場編』pp.213–239. ひつじ書房

スリーエーネットワーク（1998）『みんなの日本語：初級II翻訳・文法解説英語版』スリーエーネットワーク

Zimmerman, Don and Candace West (1975) Sex roles, interruptions, and silences in conversation. In Barrie Thorne and Nancy Henley (eds.) Language and sex: Difference and dominance. pp.105–129. Rowley, MA: Newbury House.

第4章
ITメディアと相互行為
第二言語で遂行するプロジェクト型学習場面の一考察

池田佳子

　パソコンやタブレット端末、BigPADのようなIT/ICT技術が広く言語学習の場においても見られるようになった。これらのツールは、本研究で扱うようなPBL（Project Based Learning）を行う上で大変有効な環境設定であり、コミュニカティブアプローチやイマージョン学習でPBLはさらに取り入れるべき活動として着目されている。本研究はこのIT技術を相互行為分析でいうところの「媒介物（メディア）」として捉え、さらにこのメディアと複数の参加者（学習者や教師など）がどのようなインタラクションを協働構築するのか、マルチモーダル分析の視点を取り込みながら考察する。

1. はじめに

　本章では、PCを使いながら展開するインタラクション、つまりIT環境と共起した、日本語や英語を外国語として学習する者が参加している相互行為に着目し、考察を行う。昨今の高等教育機関における教育活動にIT/ICTを取り込んだ授業は既に珍しいものではない。E-learning、反転授業の取り組み、MOOC（Massive Open Online Courses）などへの支持が高まる潮流の中では、ICT技術、そしてそれらを可能にするPC端末、タブレット端末などの機器があらゆる教科の「教室環境」の一部となりつつある時代は目前である。外国語教育においても、このIT活用は不可欠なものとなってきた。筆者の所属機関である関西大学でも、キャンパスにはWifi環境が設置されており、留学生・日本人学生を問わず、スマートフォンやタブレット端末、ノートパソコンなどを誰もが1台は所持している時代となっている。本学では、入学前の日本語教育を担う「留学生別科」や日本人学生のグローバル人材養成を担う英語開

講授業科目「KUGF（Kansai University Global Frontier）カリキュラムGF科目群」などで積極的にPC教室、TV会議システム、そして動画収録・配信システムを活用したイノベーティブな授業を展開する試みが現在進行している（平成25年度および26年度私立大学教育研究活性化整備事業採択）。このような環境下で展開する相互行為では、メディア（媒体）を介さない、従来の対面コミュニケーションと多くの点で相違が生じ、インタラクションの参加者らの言語行動もそれに準じて変化を遂げる。このような新しいタイプの相互行為を通して、日本語や英語を第二言語とした相互行為が展開する。IT環境とともにある外国語学習をより理解し、何が学習者の学びを促進しそして阻害するのかを明らかにするためにも、まずこの新しい形の相互行為の特徴を分析し、とらえ直す必要があるのではないだろうか。本章ではその手始めの作業として、いくつかのITメディアとともにある学習者のインタラクションを分析することにする。

　本章では、まずこのITメディアの存在がもたらす複雑な参与枠組み（participation framework）や、メディアを介するが故に可能となる発話ターンや連鎖の構造を考察していく。つぎに、「外国語学習」というテーマで同現象を鳥瞰し、いわば「インフォーマル学習」として認められる「学び」の潜在を再確認しながら、論考を進めていく。外国語教育（日本語教育を含む）に携わる教育関係者が、効果的な学びをもたらす状況の構築を心がける際にも、参考となる示唆を提供することも目的の1つとして位置付ける。IT環境を整えるのはいいが、果たしてそれが実際のところ学習効果にどのようにつながっているのか。学習者らは、この環境をどう消化しているのか。このような実践的な目線も忘れることなく、本章の考察結果を活かし現場への還元につなげていきたい。

2．ITメディアを介した複数参加者間の相互行為

　ITを用いた会話というと、まず思いつくのが、SkypeやGoogle Hangout、MSNメッセンジャー機能などを使ったCMC

(Computer Mediated Conversation)だろう。これは「ITで」または「ITを通して」成立する対話のことである。CMC研究についても、昨今では会話分析などの視点からの考察が進みつつあるが(Gonzales-Lloret, 2009 他)。しかし、本章が取り扱うのは、「IT」機器（PCなど）で何かを行うことが、その場の社会的行為を成立させる上で必須となっているような状況下の対話であり、夕食などの食事場面における会話において、「食べる」という行為が切り離せない状況と類似しており、Goodwin (1980)、Lerner (2003)、Mondada (2009a)、Mandelbaum (2010)などの詳細な事例がある。発話ターン交代の構造に食べている間の「沈黙」や「遅延」が組み込まれていても、その「間」を通常会話のターン交代であるならば「不同意表明」や「ターン交替権の解除」などといった理解を聞き手が行い反応するところを、そのような理解へとつながらないまま対話が展開する。対話と共起する活動がなんであるかによって、その解釈の幅は変化する。

2.1 相互行為空間の多様性

本章で焦点化し考察を行う相互行為は、IT教室環境にて展開する多様なインタラクションである。参与者は、PCやタブレット端末などを用いて何らかの情報を共有し、また最終的なアウトプット（例：作文、サーベイの回答、プレゼンテーション資料など）を作成する。学習者らが個人でこれらのITメディアと対峙することもあるが、教室活動の中では、複数の参加者がグループとして1つのアウトプットを産出する機会も多い。その場合でも、人と人のやり取りの中にIT媒体の存在は不可欠であり、インタラクションの中に必然的に介入してくる。「メディア」としての物体（モノ）―本・展示物・食べ物など様々であるが―を介した、またはモノと共起する複数参加者間の相互行為については、会話分析やエスノメソドロジー研究の中で主に扱われてきた[*1]。本章で取り上げる相互行為の断片は、「PCに必要な情報を打ち込む」「画面に必要な事柄を映し出す、読み取る」と言ったITメディアを介した行動が発話や他の身体行動と共起しながらインタラクションを展開する場合

である。たとえば、夕食時の会話における「食べる」という行為は、会食場面だと参加者双方がそれぞれ随時行うものである。これとは異なり、複数参加者が関与するPCを介した相互行為の場合、図1にイメージ化するように、共同で1つのPC画面に注視している場合（a）や、それぞれが端末を所持し、その画面に向かい作業する場合（b）、PCが1台でスクリーン投射し、プロジェクターを全員で見る場合（c）など、同じITメディアとともに複数参加者が存在するといっても、Kendon（1967）で定義される「O空間（Operational Space）」の多様なパターンが考えられる。また、PCなどメディアへのアクセス権、つまり参与者の中のだれが実際にメディアにタイプ打ちなどの直接的作業を行うか、その役割分担において「参加／参与の不均衡性」が生じた状態で相互行為が展開する（片岡・池田 2014）。

(a) PCが1台の場合

(b) PCが1台ずつ参加者にある場合

(c) PCが1台でスクリーン投射する場合

図1　ITが介在する多様なO空間

2.2　ITとともにある相互行為空間　先行研究

「メディア」が「IT媒体」に特化し考察する場合、ロボットと人間、コンピューターに対峙する人間、といった対峙型相互行為に関

する研究はHRI（Human Robot Interaction）やCHI（Computer Human Interaction）の分野で主に扱われてきた。しかし、ITメディアとともに展開する人間と人間（または複数参加者）の行動に焦点化し、その現象をエスノメソドロジーの視点で相互行為分析を行った研究事例は未だ少ない。人々の行動を考察・分析することは、言語学習を目的とする環境下におけるITメディアの意義や今後の扱いを考えていく上で非常に重要である。以下、本章の分析の視点に重要な示唆をもたらしてくれる研究をいくつか紹介してから、実際の相互行為場面の分析を提示する。

　IT教室の環境下のインタラクションをより理解するには、IT環境の「相互行為空間（interaction space）」としての再考、その空間における相互行為の参加者の視線や指さし行為などを中心とした身体行動の考察、そしてその身体行動と共に構成される発話の構造の考察という、マルチモーダルな複数の側面を踏まえた上での実際のデータを検証する必要がある。本節では、これらの観点に関連する先行研究をそれぞれ紹介する。

　マルチモーダルなリソースにも考察の視点を広げることで、言語リソース以外のチャンネルとして、物体、書類、そして本章でも着目しているテクノロジーなどの扱いを相互行為の一環として見ることができるようになる。社会のさまざまな場面において音声だけがリソースである相互行為場面は限られており、発話の展開を理解する上でも、これらのマルチモーダルなリソースは切り離すことができないことの方が実際には多い。日常生活のさまざまな場面で、モノ、メディアの扱いとともに、参加者らが互いの参加枠組関係を変化させつつ、相互行為空間を常に再構築しているのである（Mondada 2009b）。

　参加枠組関係は、ある空間における参加者それぞれが、共同注意（mutual attention）、聞き手としての役割の遂行（listenership）、話し手としての役割の遂行（speakership）、そしてモノや空間で共有するメディアに対する共同注意（shared attention）などの行為を参加者らが互いに表示しあうことで変化を遂げる。ITメディアの扱いも、この参加者らの参加枠組の構築を行う上で不可欠なリ

ソースとして活用される。

　具体的な事例を先行研究から見ていくことにしよう。たとえば、Mondada（2013）は、TVビデオゲームをする子供たちといった、より身近な家庭環境の中で見かけるこのようなテクノロジーが介する複数参加者のインタラクションをマルチモーダルな視点から分析している。ゲームをしている人間（プレーヤー）の参加者2名は横並びに位置し、互いの息遣いや独り言が聞こえるほどの近距離に座っている。プレーヤーらのインタラクションは、2つの次元（regimes）、例えばゲームを共同で行っている時と、節目ごとにゲームの世界から一瞬逸脱し、現実の世界でやり取りをする時などで繰り返しにおいて展開する。前者（ゲーム中）は、プレーヤーの共同の注視対象はTV画面の世界だが、後者ではお互いに視線をやり、相手との空間距離を図りながら、身体の位置の変化や互いが認識できる身振りなどを伴う会話がなされる。彼らの会話の中で対象となっているのは、多くの場合、先ほどまで共同で関与していたゲーム展開そのものである。TVゲームというITメディアでの作業がメイン・イベントであること、そしてその存在を不可欠環境として展開するインタラクションの考察であるという点で、本章の状況と重なり部分が多い事例である。

　同じくゲーム参加中の参加者のインタラクションを調査した研究にKeating and Sunakawa（2010, 2011）がある。オンライン上にあるコンピューターゲームでプレーをする4人の参加者らは、それぞれがPCに向かいつつも、近接した位置に固まって着席した空間を構築している。この2つの研究では、Mondada（2013）のように1つの画面を共有する場合と、それぞれが画面を占有しているが、映し出されている情報は共有している場合と、次元の構造の異なりがある。「共同注視」行為についていえば、Mondada（2013）のケースではTV画面が、参加者らが共同で利用するため、注視の対象となるが、Keating and Sunakawa（2010, 2011）では共同注視するメディアとしての機能は果たしていない。このように、ITメディアが介在する相互行為空間の在り方は多様であることが読み取れる。

2.2　制度化された社会環境下でのテクノロジー

　Heath and Luff（2000）は、ロンドンの地下鉄（Bakerloo Line）のコントロールルームをエスノメソドロジーの立場から分析した研究である。この社会的状況には、多種のITメディアが組み込まれており、どれも不可欠な環境要素となっている。コントロールルームで使用する地下鉄の運行状況を示す「路線ダイアグラム（大画面表示）」、Closed-Circuit Television（CCTV）と言う各プラットフォームの管制箇所をモニタリングする「PC画面」、列車の運転手と通信ができる「ラジオ電話」、一般乗客にアナウンスを行うための「PA（Public Address）機器」などがその数例である。この職場で働く者、そして実際に運行する鉄道列車・駅の職員らのコミュニケーションは、このITメディアを取り込んだ相互行為となる。例えば、コントロールルームの職員らは、それぞれの担当者が自分の目前にある機器でどのような行動ができるのか、またどこまでの行動がその限界（領域）として設定されているかといったお互いのアフォーダンス（Gibson 1979）を熟知している。そのため、例えば画面を眺める担当者Aが特定の身体の手続きをすると、次にどのような行動または発話が行われるかを即座に判断し、その受け手として次の担当者BやCが対応（次の行動）を始める。この研究事例でも、それぞれの参加者が持つ相互行為空間のアフォーダンスの異なりについて示唆があるとともに、参加者らがお互いの行動を詳細に把握する際、ITメディアをどう扱うか、その実践の様子が重要な情報となっていることを示唆している。

2.3　テクノロジーが介入する空間アフォーダンス

　国内の研究に目を向けると、山崎他（2013）の肩のせアバタ・ロボットを介した遠隔交流実験における相互行為の研究などがあげられる。遠隔操作型のロボットを用いて、ネット回線を利用したコミュニケーションがロボットを装着している側と操作している側とで展開するのだが、この時操作側に何が見えているか（図2）、そして現地で何を見せているか（図3）といった「情報源の異なり」や、PCによるロボット遠隔操作といった技術自体が各場面の参

者の発話や身体行為の形成を把握する上で欠かせない環境条件となる*2。この環境において人間の身体行動の応用（指さしやジェスチャー、身体位置など）が、対面の相互行為場面とどう相似し、また異なっているのかを見極めるといった考察が進められている。

　たとえば、図にあるような肩のせロボットを通じて、現場にある店の商品などをよりわかりやすく見せるため、装着者と同行者らが協働しその商品を指さし、物をもちあげて近づけるなどをしながら遠隔にいる者と会話を行う（図3）。その場合の指さしの位置や指し示す角度など、ロボットの位置やマウントされたカメラアングル、そして装着者と同行者の距離を十分考慮した上でその行動が行われる。身体的な動きとITメディアの関係性は、人間対人間の環境下における空間の使い方と異なる点が多いことがこの事例からもよくわかる。また、ロボットの装着者の身体行動と、その同行者の身体行動の異なりも、ロボットにどのように対峙するかを互いが示しあうことで、参加者同士の参加枠組もその場その場で随時形成されていく。

図2　遠隔操作者に見える現場の様子

図3　ロボット装着側の環境と操作範囲
（山崎他 2013: 181–189 より抜粋）

　これらの先行研究を総括すると、以下のことが言えるだろう。まず、共同で注意していたり、使用していたり、または各自がそれぞ

れ触っていたりとさまざまな場合があるが、相互行為の中で使用するテクノロジーが何であるかによって、発話や、指さしなどの身体行動の効果の度合いは大きく左右される。また、同じ複数参加者が存在するインタラクションであっても、彼らのそれぞれに対する位置・距離や、ITメディアへの物理的なアクセスの有無などがコミュニケーション全体のアフォーダンスを形成するうえで重要な鍵を握っていることも如実に顕れている。テクノロジーが関与する相互行為空間が他のさまざまな日常場面の空間と異なるのは、ゲームの特性（TVゲームなのか、オンライン上でプレーするコンピューターゲームなのかといった特性）の違いが参加枠組を決定づけているという事例からもわかるように、ITメディア自体が提供するアフォーダンスに多様な幅が存在する点であり、このテクノロジー特有の環境構築要素を看過せずに相互行為を考察する必要がある。これらの理解を踏まえて、次節からは本研究において考察を行った外国語学習の場面でのケースを検討していく。

3. 第二言語で遂行するPBL型学習場面の考察

3.1　背景情報

本章では3つの外国語学習の場面（日本語または英語）の断片を考察する。いずれの場面も共通して、「外国語を学習する」のではなく「外国語を使って、あることを達成する」といったPBL（Project Based Learning）アプローチを採用した教室活動となっている。プロジェクト課題は場面ごとにさまざまだが、（1）学習対象言語（日本語または英語）を用いなければ必然的にその課題が達成できない（2）課題の成果は、プレゼンテーション資料やサーベイ作成など、ITメディアを介して産出しなければならないという2つの条件は共通して与えられている。

断片1と2は、教師と学習者がPCを挟んで対話する場面である。断片3は、3名の学生（うち2名は日本語を第二言語とする者）がIT教室にてグループで作業を行う場面である。断片1は英語が課題アウトプットに求められる対象言語であり、断片2と3は日本語

が対象言語となっている。このような必然的に外国語を用いる環境づくりについては稿を改めて論じる必要があるが、本章ではITメディアが介在しどのように参加者が行動をするのかに限定し分析を行う。

3.2 データ1 「ITメディア操作行為の保留」によるリペア要求行為

断片1では、「スタディ・スキル」を学ぶ教養科目授業で、日本人学生（S1）が、遠隔交流を行っているハワイ大学の学生らを対象とするオンライン・サーベイを英語で作成している場面である。教室の全体環境の様子は、図4を参照されたい。この授業のPBLの課題の1つとして、S1は大学のエコ環境に関する意識調査を自身の大学とハワイ大学で比較したいという希望をもっている。

図4　留学生と日本人学生の混合クラスの授業風景

　S1は、断片1-1と1-2の場面で複数の学生から答えが得られるオンラインサーベイを作成しようとしており、質問項目を試行錯誤しながらも、英文で質問項目を完成させた。以下が、S1が最終的に作成した質問文である。

　　(1) In Kansai University, students use a lot of handouts in the class. Do you think that this is a good practice for the environment? And how about University of Hawaii?

断片1の直前に、教師がS1のそばに立ち寄り、上記文章の途中までをPC画面から読み取る。以下がその作成途中の作文である。

　　(2) In Kansai University, students use a lot of handouts in the class. Do you think that this is harmful?

(1) と (2) で変更があったのは、harmful という表現の部分である。

S1 の harmful という表現の選択に対し、教師 (T1) が「good practice (or not)」と言い換えるほうがいいのではないか、という提案を行う (1 行目)。

断片 1-1

1　T1: You think that this is a good practice?
2　　　(0.5)
3　T1: This is a ［good (.5)/((S1 が PC 画面にタイプ打ちしようとする))
4　S1:　　　　　［good
5　　　でもなんか:/((キーボードから手を離す))(.)
6　　　えと.悪いと思いますか：って/(:(PC画面を指さしたままT1を見る/T1 は PC 画面を見る))
7　　　聞きたいん　ですよ:,

図5-1　5行目「でもなんか:」　　図5-2　6行目「悪いと思いますかって」

T1 は、英語で言いたい文章 (「○○という行動は環境に悪くないですか」) を "Is it a good practice" と逆説的に問うように英語を提示しているが、S1 は 3 行目でその一部を復唱し (This is a good)、タイプ打ちをするしぐさをする。しかし、その後 5 行目にあるようにキーボードから手を離し、図 5-1 のように両手で自身の口許を隠すようなポーズをとり、「でもなんか:」と述べる。この際 T1 は S1 へ視線を向けているが、S1 はモニター画面を注視している。6 行目ではこれに続けて「悪いと思いますか：って聞きたいんですよ:」と、図 5-2 に示すように、初めて T1 の方へ視線を移す。

それと同時に、モニター画面上の作文の該当箇所を指差し、体幹はPCの方を向いたまま、T1を注視する体勢をとる。この「body torque」(Schegloff 1998) と連動したPC画面への指差しを受けて、T1の視線はモニターに戻る。

ここでは、S1の身体行動が、T1の与えたフィードバックに対し、S1自身の本来意図したアウトプットとの異なりに対し修正要求を行っている様子がとらえられている。「タイプ打ちを一旦停止する」、「PC画面を指標しながらも視線を相互行為の相手に向ける」と言ったITメディアの扱いと連動した一連の行動が、この修正要求を成功させている。

この修正要求を受けて、T1は9行目でgood practiceという表現を用いることが婉曲的に問いかけるより適切な質問文となることを説明する。これを受けて、以下の断片1-2でS1が今度は「理解」の表示（display of understanding）を行う。

断片1-2

9　T1：　Uh (1.0)環境に悪い．環境を保護するため(.)に：　good practiceで
10　　　　すかって．
11　S1：　あ:［:((S1体をのけぞる/T1　S1に視線を向けている))
12　T1：　　　［婉曲的に言ってるん［やね
13　S1：　　　　　　　　　　　　　［あ　な［るほど((S1タイプ打ちを開始する/T1 PC画面に注視する))
14　T1：　　　　　　　　　　　　　　　　　［is this a
15　　　　good practice. (0.5) practice.

図5-3　11行目「あ：：」　　　図5-4　13行目「あなるほど」

16　S1：　(.5)/((types))practice=
17　T1：　　　　　　　=for the environ[ment. でいいと思うよ．
18　S1：　　　　　　　　　　　　　[For the environment.

　T1の発話を受け、11行目でS1は認識変化の表現（change of state token）として「あ:」と発しながら、体を後方へのけぞらせる（図5-3。先ほどまでPC画面へ差し伸べていた手も同時に画面を離れ、のけぞる体勢とともにS1の体幹の手前に移動する。12行目で、T1は「婉曲的に言ってるんやね」とS1へ視線を向けたまま説明を続ける。先ほどの修正要求に対する対応が、ここまで続いている。13行目では、このT1の12行目の発話の終了を待つことなく、S1は「あなるほど」と再度、認識変化の表現を発話し、同時に図5-4のようにキーボードへタイプ打ちをする姿勢に入る。S1の視線もPC画面ではなくキーボードへと移行している。このS1の行動と同時に、T1はS1からPC画面へと視線を移す。この時点から、S1とT1両者のPC画面への共同注視が再開し、14–18行目にみるようなS1が文章をタイプ打ちする傍らT1が英語表現を提供するという作業が継続される。PC画面に共同注視した作業は、双方の参加者が協働し支障なく間主観性（intersubjectivity）が成立していることを意味している。このITメディアへの共同注視を伴う作業において、何等かの社会的行為を成すためにあえて停滞を生じさせるというケースは、次の断片2においても同様に観察できる。

3.3　データ2　「ITメディアへのアクセス権の変化」が表象する学習者の理解

断片2は関西大学留学生別科の日本語教育授業の教室場面である

図6　日本語PBLクラスの授業風景

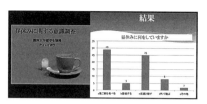

図7　S2が作成したプレゼンテーション資料

（図6）。この授業科目では、アカデミックリテラシーを養成するという目的の下、学習者が学習対象言語である日本語を用いて研究調査発表をするなどといったPBLを多く取り込んでいる。この断片は、ある学習者（S2）が「昼休みに関する意識調査」というテーマでアンケート調査を行いその結果をグラフにしたものをパワーポイント・プレゼンテーション資料の中に挿入し、スライドを作成するという作業をしている際のインタラクションの一部である（断片2）。

　スライドに載せる情報をどうするか（例えば、グラフを作成するにあたり、見やすいように、まとめられる情報はまとめ、強調したい情報のみをあえて提示するなど）、T2がS2にフィードバックを行っている場面である。S2は、情報の提示の仕方を変えるよう、口頭で何度か促されている。

断片2

1　S2：　関係ない.ここ:
2　T2：　そそここ.こ-この合計はここの事です.＊1 (1.0)うん.
3　S2：　必要
4　T2：　ん？=
5　S2：　=必要ない
6　T2：　いやいや＞これは＜必要ですよ=だって合計だもん.
7　　　　(2.0)
8　S2：　これは結局:
9　　　　(2.0)/((T2がS2の左横に深くしゃがみ、ややデスクから後
10　　　　退する))
11　T2：　そこは別に必要じゃないですね=これg-これが言いたいんで

12   しょ.
13   (0.5)/((T2がPC画面から視線を落とす))
14   ちょっと./((T2がマウスをとる))
15   (15.0)/((T2がマウスを操作し、画面上の情報を処理する))
16 S2: わかりました.

　この断片の1行目–10行目では、まずS2とT2の間で、グラフの情報の何が必要で、何が不必要なのか、の理解の交渉が行われている。T2はモニター画面を指さすことでフィードバックをしている。S2が必要ないと判断した情報について、T2は「いやいや＞これは＜必要ですよ＝だって合計だもん.」（6行目）のように訂正し

図8-1　「こ-この合計はここの事です」

図8-2　9行目（(T2がS2の左横に深くしゃがみ、ややデスクから後退する))

図8-3　14行目「ちょっと」/((T2がマウスを取る))

ている。本断片で着目したいのは、6行目の訂正の後、7行目で2.0秒の比較的長いポーズがある中、S2はT2に対し「理解」の表示を話にも身体行動にも示していないことである。さらには、S2は8行目で「これは結局：」と異なる提案を開始しており、この提案も11行目にあるようにT2から指摘を受けている。ここまではPC画面の共同注視と、指さし（図8-1）を通じた相互理解の達成の試みがなされてきたが、11行目において参加枠組が変化する。9行目のポーズの間に、T2はS2の隣でさらにしゃがみ、PCが配置されているデスクにやや後退した体勢に位置を移動する（図8-2）。13行目の0.5秒のポーズの間でT2はPC画面から視線を外し、12行目で「ちょっと」と声掛けをし、S2に代わりPCのマウスの操作を行う。この後、約15秒間発話のない状態が続き、その間T2がスライドを直接変更するという状態が続く。16行目に、S2が「わかりました」と発言し（14行目）、理解の表示を提示している。

　ここで、12行目のPCマウスを取り上げて作業を行うという行動をさらに考察しよう。プレゼンテーション資料は学習者本人が作成の責任があるアウトプットであり、それを作成する責任があるのも本人である。また、日本語でこのPBLを行うという趣旨の授業である以上、教師がその資料を作成してしまっては効果がない。つまり、この状況下においてPCへの第一の「アクセス権」を持つのはS2だといえる。T2とS2の双方がこのITメディアとの関係性を理解した上で、あえてこのアクセス権の委譲を相互行為の中で展開したのは、上記で考察したような一連の間主観性の交渉が最初発話を用いたやり取り（つまりITメディアへの「アクセス権」を侵害することなく）を通して行われていたが、解決に至らなかったことに起因している。

3.4　データ3　「ITメディアへの共同注意の変化」と参加枠組み

　断片3は、日本人学生1名（S3）と外国人留学生2名（S4とS5）のグループでの作業中のインタラクションの一部である（図9参照）。彼らは、混合クラスの活動として、「大学に提言できること」につい

てテーマを決め、調査を行い根拠・裏付けのある主張・提案をするという課題に取り組んでいる。このグループは、最終的には「大学の国際化」というテーマを選択し、学期末のプレゼンテーション大会にエントリーし3位入賞となったチームである。この課題は学生らの自主的な作業運営に任されており、教員は必要な時にアドバイスを提供するのみとなっている。断片3は、グループワークの最初の週のテーマ決めを行っている場面で、お互いに課題の把握をしようとクラスのLMS（Learning Management System）のページを見直したり、それぞれの課題の理解の確認をしたり、という作業をしている。

図9　グループワークの様子

　この断片において着目したいのは、参加者の参与枠組（Goodwin 1980）、特に一連の相互行為シークエンスにおけるS5の参加の変化である。断片3の直前では、課題の詳細を示した情報がクラスのLMSページに載っているので、それに従って活動をすればいいとS4が提案をしている（図10-1参照）。それに対し、S3はその情報が、自身がアクセスできるLMS上でどこにあるのかを見つけようとするが、見当たらない。S3はS4が指している課題の内容の事例がどのようなものかを確認し、その事例資料はS3（日本人学生）にはアクセスがないことを指摘している（留学生のLMSページには、理解を助けるために課題の事例資料がのっているが、日本人学生のLMSページには掲載されていない）。断片3の12行目「こういうやつ」とは、この課題の前に行ったグループタスクにて教員から提供があった事例資料ハンドアウトを意味する。

断片3

12　S3: こういうやつ？/((S3/資料を画面に映し出す))
13　　(0.5)
14　S4: あ.そうそう.題名にし[た‥　]

図10-1　14行目「あそうそう.」

図10-2　15行目「ないのよ.おれこの画面は」

図10-3　16行目「S4ちゃんとか」

図10-4　19行目((S5が自分の使っていたPC画面からログインしなおす.))

| 15 | S3: | 　　　　　　　　　[これね：]ないのよ．おれこの画面は：
| 16 | 留学生： | あの[S4ちゃんとか]S5ちゃんとかのやつと違うのよ．
| 17 | S4: | 　　　　　　[あ：：：　　]
| 18 | S3:そそそそ．
| 19 | (3.0)/((S5が自分の使っていたPC画面からログインしなおす.))

　12行目でS3が前回のタスクで配布された課題事例資料を画面に映し出し、S4が「あそうそう」(14行目)と返答をしている間、S5は発言しておらず、視線のみをS3が映し出しているPC画面の情報に送っている。この時点における参加枠組としては、S4はPC画面へ指さしをし、さらに発話にてS3に応対するなど、積極的な相互行為の参加者としての役割を果たしている一方、S5は自身の座る位置や体幹の距離をS3とS4からは少しとるような形をとっている(図10-1)。しかし、15–16行目でS3が「おれこの画面は」と発言し、S5の前にあるPCの方向を手で示すのと同時に、S5は自分の見ている画面に視線を移動させる(図10-2)。次に、「S4ちゃんとかS5ちゃんとかのやつと違うのよ」と発言するのを受け、キーボード棚を引き出し(図10-3)、19行目ではLMSページへの閲覧を行うためにIDとパスワードを打ち込む作業をする(図10-4)。この断片では、S5のグループにおける参加枠組の中の位置づけが、断片3の後半において活動の主体的なエージェントへと変化している様子が観察できる。この「参加」の度合いを決定づけているのは、断片1・2と同様、ITメディアと参加者がどのようにかかわっているのか、そしてそれぞれの関わり合い方を参加者同士がどのように認識しそれを相互行為空間において表示しているか、これらのアスペクトが根幹をなしていると言えるだろう。

4．「学び」は起こっているか

　ここまで、本章ではITメディアと参加者の相互行為をテーマに考察を進めてきた。最後に、もう1つの関心点である第二言語を用いたインタラクションにおける「学び」についても論じておきたい

と思う。上記の断片1～3の状況は、従来の典型的な「言語学習」の教室場面とは事情が異なり、PBLに焦点化した活動の中で、「必然的に」第二言語（日本語または英語）を用いなければその課題が達成できないというコンテクストとなっている。日本人学生たちは、サーベイを作成するにも、回答をしてくれる対象者が英語母語話者であれば、英文で質問を作らなければならない。しかも、しっかりと文章を構成しなければ、求める回答が得られない。このような状況下であれば、学習者自身が自発的にアウトプットにおける「正確さ」「流暢さ」などに気を配り、質の高い第二言語使用の練習の場を自らで作り出していく。PBLを言語教育に持ち込むことで、このようなメリットが生まれると筆者は考えている。

　理論上の主張としてPBL型の相互行為が有効であると提言をする一方で、上記で考察を行った1～3の断片の詳細な相互行為の分析を踏まえて、実際に「学び」がおこっているのかどうかをより実践的に検証するべきであると考えている。ここで、会話分析、エスノメソドロジーの視点から考える「学び（learning）」の定義について応用しながら、再度3つの断片を振り返ってみたい。

　「学び」の原点となる行為は、何か新しい情報や知識（ある社会文化的に固有な行動・言動そのものや新しい単語など）を「理解する」ことであろう。この「理解（understanding）」のとらえ方は、会話分析の生みの親、Sacks（1992）の講義ノートに存在する。

> You do 'showing that you understand something' when what you do is, not talk about it, repeat it, paraphrase it, etc.—that would normally mean that you're puzzled or doubtful. The way that you go about exhibiting your understanding is <u>just to produce another that you intend belongs,</u> <u>given what just has been done</u>. You can put another item in that is consistent with the sort of thing you figure they're doing.

（Sacks 1992: 112–113 下線は筆者による）

　ここで重要なポイントは、「理解」とは、その何らかの新しい情報や知識に属する、相手が提示したものとは違うまたもう1つの事例や行動を実際に提示する・遂行することである、と指摘してい

ることである。つまり、実際に次の事例を産出しなければ、「理解」を表示することはできないのである。この指摘は、複数の参与者がかかわる相互行為においてより重要な側面となる。教室場面などは、多くの場合一対一ではなく多人数が一度に関わることが多い。そこで起こる「学び」も、Sacksの上記の「理解」の表示を基本として考えることができる。Koschmann（2013）は、複数参加者らが協働して何かを遂行し、達成するそのプロセス自体がすなわち「理解の表示」、ひいては学びが展開していると同定することができる、と述べている。

> The work of organizing our interaction with others as if mutual understanding was secured is the interactional work of collaboration of which we have been speaking. It is based in the myriad ways in which we display an orientation to a shared task or goal. Our ability to fluidly coordinate our actions with those of others, then, is collaboration's achievement.
>
> （Koschmann 2013: 1051）

このKoschmann（2013）の学習のとらえ方、つまり協働で作業を遂行し達成する行為そのものが「協働学習」の存在を潜在的に示唆するという考え方を応用すると、断片1〜3の「学び」を捉えやすくなる。ここで「学び」とは、認知的にある情報が新たにエントリーされるといった達成を意味するのではなく、むしろ「学ぶという行動、相互行為」自体を指す。この定義を応用すると、ITメディアとかかわりつつ展開する相互行為がすなわち「学び」を実現させていると言い直すことができるだろう*3。

5．おわりに

以上、本章では、3つの言語学習を趣旨とするPBLの相互行為場面を、ITメディアとのかかわり方を中心にマルチモーダルな視点から考察を行った。ITメディアは、今後我々の日常生活と切っても切り離せない不可欠な環境要素として偏在するだろう。「デジタルデトックス」なる現象（あえてITやICTを使わない環境に身を

置き、心身をリセットすること）までもがすでに顕れているのが現代社会である。このような時世だからこそ、人間同士の相互行為空間の構築のダイナミズムを再考する必要がある。本章では、教育場面に焦点をあて、ITメディアと対峙し、さらに複数参加者らとのコミュニケーションを形成する様子をマルチモーダルな考察によって捉える試みを行った。ここで紹介した研究は現在も進行形のプロジェクトであり、今回報告できたデータはその初期段階のものである。断片1～3のすべてにおいて、参加型観察を調査者が実行しているからこそ、エスノグラフィーによる情報を補てんすることで分析を行うことができているが、より精度の高い、そしてより多側面からの理解を進めようとすれば、今回のインタラクション・データの収集方法では限界がある。特に、参加者が対峙しているITメディアの画面そのものと、参加者らの行動を捉えるビデオデータ（音声を含む）が必要である。初期段階である今回のデータにおいては、学生たちの活動作業上、ビデオカメラなどを教室の真ん中、しかも学生の作業をしている真後ろに常置設置することがあまりにも懸念され、多方面からのデータを収集することがかなわなかった。

　この問題を解決するために、平成26年度春に筆者の所属大学にて「教室ラボ」環境が設置された（図11）。学生の活動域の周りにフレームを構築し、そのフレームの柱に複数のビデオカメラを設置している。また、これらのカメラの収録動画は、自動的に別部屋に設置してある端末に保存され、アーカイブ化されていく仕組みに

図11　授業観察ラボ教室（関西大学国際部）

なっている。このラボ環境を用いることで、学習者の活動の邪魔をすることなく、実際のPCやタブレット画面の記録も収集できるようになった。このスペースにて、現在も日本語を第二言語として用いながらPBLを行う授業が進行しており、随時、動画収録を行っている。

ITメディアがある中でのPBL場面の「学び」を相互行為分析の観点からより理解を進める上でも、この環境ラボは貢献度が高い。デスク前にはBIGPAD（シャープ株式会社）とホワイトボードが備え付けられており、またWivia（内田洋行社）という、学生のPCやiPadなどのタブレット端末の画面をBIGPAD画面に最大4つのPCスクリーンの情報を一度に映し出し、クラスと共有することができる装置が設置されている。このようなIT技術が教育場面に介在すると、人はこれらをどのように活用するのか。また長期で観察を行っていくと、どのような機能がどのような教育の趣旨で活用されることが多いのか、アーカイブデータの分析からわかるようになる。このように、ITメディアが関わる相互行為の探究が還元できることは非常に多いのではないかと考えている。より詳細かつ多側面から記録したビデオデータを基に、今後さらにITメディアと共存する学習環境に関する研究を進めていく予定である。

---

*1 展示物（exhibits）についてはミュージアムでの相互行為分析を行った一連の研究（vom Dirk, Heath, and Hindmarsh 2001; Heath and vom Dirk 2003; vom Dirk 2006）、食べ物（dining）についてはGoodwin（1980, 1981）をはじめ身体行動を分析した研究が数多くある。Workplace（仕事・作業場）のエスノメソドロジー分析では、さまざまな物体（車いす、ベッド、ハンドアウトなどの書類、作業に特化した道具など）の扱いが分析の不可欠部分として考察されており、本章と関連の深いテクノロジー、例えば外科手術など医療場面で使うカメラ映像（Mondada 2011 他）や航空機操作室内の操作什器（Neville 2013 他）を扱う場面の分析も国内外の研究が増えつつある。
*2 本章で扱うデータでは、残念ながらPC画面キャプチャの許可を取り付けることができなかったが、取り上げる分析の一部では、実際のPC画面に映し出されていた情報を極力再現した。

＊3　本章では、認知的な知識変化という視点は取らずに「学び」を定義しているが、近年着目されている「インフォーマル学習」や「ノンフォーマル学習」と言った枠内でも、このITメディアを用いたPBLを学習に位置付けることはできると筆者は考えている。ITメディアと関わる作業は、直接的な言語学習として学習者自身も意識することなく、その作業を遂行する上で必然な行動として第二言語を用いた発話やアウトプットを行っていく。本章で取り上げた3つの断片は、このようなインフォーマル学習を促進する場として効果的な状況である。この視点からの考察については、稿を改め、外国語教育の主流となっている「コミュニカティブ・アプローチ」をさらに一歩先進させた「イマージョン環境における外国語教育」の事例として発表する予定である。

参考文献

Gibson, James (1979) *The ecological approach to visual perception*. New York: Psychology Press.

Goodwin, Charles (1980) Restarts, pauses, and the achievement of mutual gaze at turn-beginning. *Sociological Inquiry* 50(3-4): 272–302. (Special double issue on language and social interaction, edited by Don Zimmerman and Candace West)

Goodwin, Charles (1981) *Conversational Organization: Interaction between Speakers and Hearers*. New York: Academic Press.

Goodwin, Charles (2000) Pointing and the collaborative construction of meaning in aphasia. *Proceedings of the Seventh Annual Symposium About Language and Society*, Austin (SALSA). Austin, TX: University of Texas Press, pp.67–76.

Gonzales-Lloret, Marta (2009) CA for computer-mediated interaction in the Spanish L2 classroom. In G. Kasper and H. Nguyen (eds.) *Conversation anAlytic Studies of L1 and L2 Interaction, Learning, and Education*, NFLRC and University of Hawai'i Press.

Heath, Christian and Luff, Paul (2000) Technology in Action. Cambridge: Cambridge University Press.

Heath, Christian and vom Lehn, Dirk (2003) Misconstruing interaction. In M. Hinton (ed.), Interactive Learning in Museums of Art and Design. London: Victoria and Albert Museum.

Lerner, Gene (2003) Selecting next speaker: The context-sensitive operation of a context-free organization. *Language in Society*, 32(2) :177–201.

Keating, Elizabeth and Sunakawa, Chiho (2010) Participation cues: coordinating activity and collaboration in complex online gaming worlds, *Language in Society*, 39: 331–356

Keating, Elizabeth and Sunakawa, Chiho (2011) A full inspiration tray: Multimodality across real and computer-mediated spaces. In Goodwin, Charles, LeBaron, C. and Streeck, J. (eds.) *Embodied Interaction: Language and Body in the Material World*. Cambridge University Press, 194-206.

Koschmann, Timothy (2013) Conversation analysis and learning in interaction. In C. A. Chapelle (ed.), *The Encyclopedia of Applied Linguistics*. Oxford, UK: Wiley-Blackwell: 1038–1043.

Mandelbaum, Jenny (2010) Concurrent and intervening actions during storytelling in family "ceremonial" dinners. In D. Schiffrin, A. DeFina, A. Nylund, (eds.), *Telling stories: Language, Narrative, and Social life*. Washington, DC: Georgetown University Press: 161–172.

Mondada, Lorenza (2009a) The methodical organization of talking and eating: Assessments in dinner conversations, *Food Quality and Preference* 20/8: 558–571.

Mondada, Lorezna (2009b) Emergent focused interactions in public places: A systematic analysis of the multimodal achievement of a common interactional space, *Journal of Pragmatics* 41/10: 1977–1997.

Mondada, Lorenza (2011) The organization of concurrent courses of action in surgical demonstrations. In J. Streeck, C. Goodwin, C. LeBaron, (eds.), *Embodied Interaction Language and Body in the Material World*. Cambridge, Cambridge University Press, pp.207–226.

Mondada, Lorenza (2013) Coordinating mobile action in real time: The timely organisation of directives in video games. In P. Haddington, L. Mondada, and M. Nevile (eds.), *Interaction and Mobility: Language and the Body in Motion*. Berlin: De Gruyter: 300–341.

Nevile, Maurice (2013) Conversation analysis and cockpit communication. In C. A. Chapelle ed. *The Encyclopedia of Applied Linguistics*. Oxford, UK: Wiley-Blackwell: 958–962.

Schegloff, Emanuel A. (1998) Body torque, *Social Research* 65: 535–586.

山崎敬一・山崎晶子・池田佳子（2013）「社会的絆プロジェクト」『埼玉大学紀要（教養学部）』第49巻第2号、pp.181–189.

vom Lehn, Dirk, Heath, C., Hindmarsh, J. (2001) Exhibiting interaction: conduct and collaboration in museums and galleries. *Symbolic Interaction*: 189–216.

vom Lehn, Dirk (2006) Embodying experience: A video-based examination of visitors' conduct and interaction in museums. *European Journal of Marketing*, 40: 1340–1359.

第5章

日本語学習者と日本語母語話者の口頭発表における言語形式以外のリソース使用
「注釈挿入」を取り入れた授業実践をもとに

舩橋瑞貴・平田未季

1. はじめに

　本稿では、上級レベルの日本語学習者（学部学生、研究生、大学院生、研究員、以下、学習者とする）を対象とした研究発表指導クラスにおいて、聞き手を意識した発表をさせることを目的とし、聞き手に対する配慮の実現型の1つである「注釈挿入」を指導に取り入れた実際を報告する。指導においては、「注釈挿入」の言語形式のみを教師から明示的に導入した。その実践において観察された学習者の言語形式以外のリソース使用（音声特徴、非言語行動、人工物の使用）を、日本語母語話者（以下、母語話者とする）における言語形式以外のリソース使用との比較から分析する。その結果をもとに、コミュニケーションの総体を視野に入れた日本語指導について述べる。

2.「注釈挿入」とは

　まず、本稿が研究発表指導に導入した「注釈挿入」について、舩橋（2011）より概要を述べる。「注釈挿入」とは、母語話者の研究発表にみられる言語行為であり、聞き手の情報理解の負荷を軽減すべく、話し手が一定の言語形式を用いて発話情報の構造化を行うというものである。以下に、舩橋（2011）が国立国語研究所・情報通信研究機構・東京工業大学作成の『日本語話し言葉コーパス（Corpus of Spontaneous Japanese、以下、CSJ）』より抽出した「注釈挿入」の一例をあげる。

　　(1) CSJにおける「注釈挿入」の例＊1
　　　二年以上 他の 言語圏（Fえー）（Fまー）<u>海外を 含んだ 言語圏</u>

<u>ですね そういうところに 滞在した ことの ない 人というような 条件で 選び出しました</u>　　　　　　　　　　(A01F0132)

　(1)の通り、「注釈挿入」はメインとなる発話（main activity、以下、MA）から一時的にサイドの発話（下線部にあたる side activity、以下、SA）に外れ、補足的な説明を行う言語行為である。SA 発話は、適切な情報伝達を行うべく、聞き手の理解を助けるべく発話されたものである。この MA と SA という発話の構造化に関しては、表1のように一定の言語形式を用いて行われることが、舩橋（2011）によって示されている。

表1 「注釈挿入」における言語形式と生起位置（舩橋2011）

位置	MA から SA への移行部	SA の末尾	SA から MA への移行部
言語形式	・コ系指示詞 ・ソ系指示詞 ・挿入部前接要素の繰り返し ・フィラー（上記形式と併用のフィラー／単独フィラー）	・文末の形式（ですね／です） ・非文末の形式（が／けれども／けども／けど）	・コ系指示詞 ・ソ系指示詞 ・非自立語 ・挿入部前接要素の繰り返し ・上記「非自立語」を除く形式と併用のフィラー

　たとえば、(1)の例では、MA から SA への移行は「フィラー」、SA の末尾は「文末の形式」、SA から MA への移行は「ソ系指示詞」が用いられている。

3. 研究発表指導クラスにおける実践

3.1 「注釈挿入」を取り入れた研究発表指導クラス

　本節では、平田・舩橋（2013）による「注釈挿入」を取り入れた研究発表指導クラスの実践内容を紹介する。このクラスでは、日本語で自分の専門分野についての研究発表ができるようになることを目標とし、学期の前半は原稿・スライドの作成といった事前準備を、後半はクラスメートを聴衆とした発表を行っている。クラスには、大学院生や研究員など、すでに日本語もしくは英語による発表経験がある学習者と、専門的な研究を始めておらず、発表経験がな

い学部学生、研究生とが混在している。また、学習者によって専門分野も異なる。そのため、「注釈挿入」を導入する以前は、発表者はクラスメートに発表内容を理解させようという意識が低く、聴衆も発表者の発表内容を理解しようという動機づけが低かった。結果として、授業では、前半の原稿・スライドの作成指導の比重が大きくなり、後半の発表は準備した原稿を間違いなく読み上げることが活動の主目的になっていた。

　そこで平田・舩橋（2013）では、後半の発表を、聴衆を意識したコミュニカティブな場とするための方法の1つとして、研究発表指導に「注釈挿入」を導入した。「注釈挿入」を選択した理由は以下の2つである。まず、1つ目は、表1に示したように「注釈挿入」が一定の言語形式によって実現されるため、具体的な指導が行いやすいことである。もう1つの理由は、発表にSA発話を挿入することで、聞き手の知識に合わせた発表内容の調整が可能になることである。先に述べた通り、研究発表指導クラスでは、参加する学習者の間に、所属および専門分野の違いにより、発表内容に関する知識差があった。そのため、「注釈挿入」を導入する以前は、教師が、聞き手であるクラスメートに合わせて発表原稿やスライドを修正することを勧めても、特に専門的な研究を始めている学習者から、専門的な知識を持たないクラスメートに合わせて発表内容を変えたくないという意見が出ることがあった。「注釈挿入」は、SA発話を用いることで、発表の構成や原稿を変えずに発表内容の調整を行うことができるため、彼らにも受け入れられやすいと考えた。

　「注釈挿入」を取り入れた研究発表指導は3期に渡り36名の学生に対して行われた。クラスの概要は以下の通りである。

(2)　研究発表指導クラスの概要
　　クラス：日本語上級レベルの口頭表現クラス
　　クラス目標：大学内外の生活および研究・調査活動に必要な口頭表現力を伸ばす
　　期間・授業回数：2010年4月〜2011年8月・90分×15回×3学期
　　受講者数：2010年前期（10名）、2010年後期（17名）、2011年

前期（9名）、計36名（内、中国15名、韓国7名、ロシア4名、その他10名）

　従来の研究発表指導クラスが、事前準備と発表の2段階で構成されていたのに対し、「注釈挿入」を導入した研究発表指導クラスは、それに「注釈挿入」の導入と2回目の発表を加えた4つの段階から構成されている。

表2　研究発表指導クラスの流れ

授業内容	目的	方法
1-4回目 発表の 事前準備	＜言語形式面の準備＞ ・日本語での口頭発表の形式に沿った原稿、スライドを作る	・口頭発表で用いられる表現を導入後、学生は原稿とスライドを教師とともに準備 ※使用テキスト：犬飼（2007）
5-9回目 1回目発表	＜音声化＞ ・実際に発表を行い、その音声データから音声的課題を認識 ＜聞き手の意識化＞ ・ピア評価から、自分の発表に対する聞き手の評価を意識	・準備した原稿、スライドを用い発表と質疑応答 ・聞き手の学生はピア評価シートを記入 　(i) 発表に対する評価（発表の内容面、音声面、発表態度を3段階で評価） 　(ii) 発表内容へのコメント・質問（自由記述）
フィード バック		・発表者は、発表の音声データとピア評価をもとに、発表の内容、構成を改善
10-13回目 「注釈挿入」 の導入	＜言語形式面と発表場面の連動＞ ・聞き手への意識を言語形式に反映する方法を学ぶ	・教師が、「注釈挿入」を用いて口頭発表を双方向的にする言語的な方法を紹介
14、15回目 2回目発表	＜実践＞ ・13回目までの準備を生かし、聞き手に伝わる発表を行う	・発表者は改善した発表を行い質疑応答 ・聞き手の学生はピア評価シートを記入

　以下、それぞれの段階について簡単に説明する。まず1回目から4回目の授業で、学習者は、日本語の研究発表の形式に沿って、専門知識を持たない聞き手に対し自分の専門分野を紹介する発表原稿を作成し、5回目から9回目で、1回目の発表をした。発表の際、発表者以外のクラスメートは聞き手として参加して、発表について内容面、音声面、発表態度を3段階で評価し、それに加えて発表内容

への質問（自由記述）を書き提出した。このピア評価は、発表者に、発表に対する聞き手のレスポンスを届け、聞き手を意識してもらうためのものである。1回目の発表後、発表者は1回目の発表原稿を修正し同じトピックで2回目の発表を行うが、その修正過程で1回目の発表に対するクラスメートのピア評価を2回目の発表内容に必ず反映させるよう指示した。そして10回目から13回目では、聞き手への意識を言語形式に反映させる方法の1つとして「注釈挿入」を導入した。「注釈挿入」の指導の詳細については次節で述べる。

3.2 「注釈挿入」の指導

平田・舩橋（2013）による授業実践では、主に「注釈挿入」の言語形式面を指導した。「注釈挿入」はMA発話にSA発話を挿入するという言語行為である。2節で述べたように、母語話者は、一定の言語形式を用い、発話の本線（MA）の流れを変えることなく、SA発話による情報のメタ的な構造化に成功している。授業では、学習者がSA発話の挿入を可能にする言語形式を作れるようになることを重視し、SA発話の言語形式を意識してもらい、それを使用する練習を中心的に行った。

表3 「注釈挿入」指導の流れ

	目的	方法
導入	母語話者の実際の発表を聞き、その特徴を考える	・「注釈挿入」を用いた発表と用いていない発表を聞いて、どちらが分かりやすいか、またその違いは何かを考える ・母語話者の発表原稿と実際の発表を比べ、原稿になく発表場面で加えられた部分の特徴を考える
説明	「注釈挿入」の意味・機能、およびその形式を知る	・導入で扱った発表の書き起こしから「注釈挿入」が用いられている部分を取り出して教師が提示 ・「注釈挿入」がMAとSAの発話からなること、それが情報構造化の機能を持つこと、そのため「注釈挿入」を用いることで聞き手の負荷が軽減されることを教師が説明 ・教師による「注釈挿入」の形式の説明（挿入・復帰法、フィラーの使用）

練習	「注釈挿入」の形式を作る	・CSJの書きおこしを見て、どの部分が「注釈挿入」かを考える ・情報の構造化がされていない発表例を「注釈挿入」を用い書き換える
実践	自分のスピーチの中で「注釈挿入」を使用する	・自分の専門分野に関する短いスピーチを書き、聞き手が理解しにくいであろう部分に「注釈挿入」を用いてみる ・グループ毎に発表し合い感想を述べ合う

　まず、発表場面で「注釈挿入」という形式が使われていることを意識してもらうため、母語話者の発表原稿と実際の発表をビデオ録画したものを学習者に見せ、原稿と発表の形式的な違いを考える活動を設けた。以下の（3a）は、学生に見せた実際の発表映像を文字起こししたものの一部であり、（3b）は該当する箇所の発表原稿である[*2]。下線部はその部分がSA発話であることを示している。

（3）原稿と発表の違い
　　a. で（えー）対事モダリティと対人モダリティ（ま）モダリティがまたさらに (えー) 2つに分かれまして でモダリティ（えー）（まあ）つまり モーダル っていう形式が表わす意味 には（まあ）2種類（え）存在するっていうことです。
　　b. モダリティは対事モダリティと対人モダリティの2つに分かれます。モダリティは2種類存在するということです。

　つぎに2節で述べた発話情報を構造化する「注釈挿入」の機能およびその言語形式的な特徴を説明し、その後、CSJに収録されている発表の中から「注釈挿入」が用いられている部分を抜粋して書き起こしたものを示した。これをもとに、学習者は、「注釈挿入」においてどのような言語形式が用いられているのかを考え、「注釈挿入」が表1に示したような一定の言語形式を伴うことを理解した後に、以下のような記述形式の練習によって、MAにSAを挿入する活動を行った。

(4) 練習問題の一例

　　コンピュータが理解した内容を、人間の手で分けていきます。内容には正しいものも間違っているものもあります。

　　　→コンピュータが理解した内容、えー、正しいものも間違っているものもありますが、それを、人間の手で分けていきます。

　これは、学習者がSA発話の言語形式を作れるようになるための練習である。最後に応用練習として、学習者が、自分の発表の中で聞き手が理解しにくいと考えられる箇所に「注釈挿入」を入れ、グループ毎に短いスピーチを発表し合う練習を実施した。

　以上の指導の後に、前節で述べた通り、学習者は2回目の発表をした。ただし、ある具体的な状況において、「注釈挿入」を使うか否かという判断（調整能力）も含めて「注釈挿入」の運用能力であると考えるため、2回目の発表で「注釈挿入」を使用するかどうかは学習者に任せ、教師から使用の指示はしなかった。その結果、2回目の発表で36名中10名が15箇所で「注釈挿入」またはそれに近い形式を用いた。次節では、実際のデータをもとに、「注釈挿入」を使用した学習者に共通してみられた特徴について述べる。

4.「注釈挿入」の使用例における3つの特徴

　研究発表指導クラスで行った2回の発表はどちらも、クラスメート、担当教師を聴衆とし、10分程度の発表の後に、5分程度の質疑応答が設けられるという形態であり、全員がパワーポイントを発表ツールとして使用した。ビデオデータの録画は、三脚上に設置したデジタル式ビデオカメラで行った。発表者とスクリーンが一画面に収まるよう、ビデオカメラを教室の後方に設置し、音声はビデオカメラ内蔵のマイクを通して採集した。

　ここでは、「注釈挿入」導入後の2回目の発表における、質疑応答部分を除く発表部分（総時間数約4時間46分）のビデオデータ

と文字起こしデータ（スクリプト）を調査データ（以下、学習者データ）とする。分析の際には、学習者データを的確に把握するために、論点となる発話の、1回目の発表における該当部分も適宜参照した。

　平田・舩橋（2013）では、学習者データを分析し、2回目の発表で「注釈挿入」、または、それに近い形式*3を用いた学習者には、3つの共通する特徴があったことを報告した。3つの特徴とは、「ピア評価にもとづく「注釈挿入」、それに近い形式の使用」、「「注釈挿入」にともなう非言語面の変化」、「音声面の変化」の3つである。平田・舩橋（2013）では、これらの特徴に、聞き手に発表内容を理解してもらおうという発表者の配慮が反映されていると考察した。

　3つの特徴を具体的にいうと、1つ目の特徴は、教師側から「注釈挿入」を挿入する個所についての具体的な指示がなかったにもかかわらず、学習者は、自発的に、「注釈挿入」を1回目の発表に対するピア評価で質問や指摘が出た個所に入れているという点である。2つ目の特徴は、「注釈挿入」の導入による変化が、当該部分の言語形式面にとどまらず、ジェスチャーやスライドの使用法など、クラスで指導を行なわなかった非言語的な側面にも影響を与えるという点である。3つ目の特徴は、「注釈挿入」が、フィラーやポーズの挿入、または、他の部分との話速の変化をもたらすという点である。以上の特徴を示す典型的な発表例として、学習者Aの発表の一部を（5）に示す。学習者Aは英語母語話者であり、アメリカの大学でマーケティングを専門として勉強してきた学習者である。（5a）は1回目の発表の発話例、（5b）は2回目の発表の発話例である。（5）では、括弧内にポーズの秒数*4を示し、意味的な切れ目をスペースで示す。

(5) 学習者Aの発表における発話例
　　a.（前略）たとえば（0.8）テレビやラジオのコマーシャル（0.4）新聞や雑誌の広告（0.3）アウトドア（0.3）のビルボードなど（0.5）またはダイレクトメール。

b.（前略）たとえば（0.6）テレビやラジオのコマ（0.2）コマーシャル（0.3）新聞や雑誌の広告（0.3）アウトドア（0.5）（スクリーンの方を向きスライドの写真を手で指しながら）（まあ）外での広告ですね（0.2）こういう感じの（0.2）（ま）いろいろあるんですけど（0.9）または ダイレクトメールの広告があります。

　まず、1つ目の「ピア評価にもとづく「注釈挿入」、それに近い形式の使用」について述べる。学習者Aの1回目の発表では、マーケティングに関する英語の用語を、そのままカタカナにして用いた箇所が多くみられた。この1回目の発表に対し、(6)のように、アジアの学習者を中心に学習者Aが多用した「カタカナ語」への質問・コメントが集中した。

(6) 学習者Aの1回目の発表に対するピア評価
　　a.「アウトドア」について詳しく説明していただけませんか。（他3名）
　　b. カタカナで書かれている言葉が多いので、そういう外来語の概念を紹介する時、もっとその意味を理解しやすく教えてくれればありがたいです。対応する日本語訳はありますか。（他6名）

　2回目の発表準備の過程において教師は、これらのピア評価を発表内容の改善に生かすようにということのみを伝え、先述の通り、「注釈挿入」の使用は義務づけず、その使用箇所を具体的に指導することもなかった。しかし学習者Aは、ピア評価を受けて、2回目の発表では(5)を含め3つのカタカナ語に「注釈挿入」の形式を用いて、発表内容を補足した。このように「注釈挿入」は、発表場面に存在する聞き手への意識を発表の言語形式的な面に反映しうる方法である。
　つぎに、「「注釈挿入」にともなう非言語面の変化」についてみてみると、学習者Aは2回目の発表において、(5b)の発話に対応す

るスライドに1回目にはなかった写真を加えており、発表ではその写真を手で指すというジェスチャーを行っている。このスライド改善やジェスチャーも学習者の自発的な行為であり、教師の介入はない。この例から、学習者Aの聞き手意識が言語面にとどまらず、「注釈挿入」を通して発表に関わる様々な要素に影響を与える様子が窺える。

最後に、「音声面の変化」について、(5a) と (5b) を比べると、(5a) では原稿がそのまま読まれているが、「注釈挿入」を用いた (5b) には、フィラーやポーズの挿入、言い直しがなされ、音声的な不連続が起こっている。これは前述の2つの特徴とは異なり、発表者が聞き手の内容理解のために意図的に行った行動かどうかは明確に判断できない。しかし、フィラー、ポーズ、言い直しなどは対話の場面で頻繁にみられるものであることから、対話の場面で用いられるこれらの行動が1対多の発表場面で用いられた場合、その音声的な不連続が有標性を持ち、聞き手に発表者や発表内容へ注意を向けさせる効果を持つことが予測される。

5．本稿の問題意識と目的

3節で確認した研究発表指導クラスの概要にみられるように、平田・舩橋（2013）による授業実践においては、母語話者による「注釈挿入」の使用をビデオで視聴するという過程を含むものの、教師から学習者に明示的に導入された情報は、「注釈挿入」の言語形式の情報のみである。音声や非言語行動、スライドなどの人工物（artifact）の使用などの言語形式以外のリソースに関しては、教師側から学習項目として提示されることはなく、個々の学習者の実践に任される形となっている。平田・舩橋（2013）では、指導を行ってはいないが、「注釈挿入」の使用により派生した2つ目の特徴（非言語面の変化）と3つ目の特徴（音声面の変化）を、聞き手の内容理解に貢献する変化ととらえ、特に3つ目の特徴に関しては、「聞き手の内容理解のために意図的に行った行動かどうかは明確に判断できない」（平田・舩橋2013: 57）ものの、結果的に聞き手の

内容理解に寄与する特徴と位置づけている。

　本稿でも、2つ目の非言語面、3つ目の音声面の特徴は、聞き手の内容理解に、つまりは、わかりやすさに貢献する特徴であると考える。しかし、平田・舩橋（2013）の実践では、言語形式以外のリソース使用に関しては、実証的な研究にもとづく指導が行われたわけではなく、個々の学習者に全く任されており、そのような前提でのパフォーマンスの変化である点に留意すべきであると考える。母語話者による音声、非言語行動、人工物の使用と、平田・舩橋（2013）の実践において、パフォーマンスの変化として現れた学習者のそれとが、どのように同じで、どのように異なるのか。日本語教育では、この類似点と相違点に目を向け、そこから得られる知見をもとに、コミュニケーションの総体を視野に入れた指導を行っていくことが求められると考える。

　よって以下では、平田・舩橋（2013）によって収集された学習者データにみられる「注釈挿入」に関して、その音声特徴、非言語行動、人工物の使用の傾向を把握する。そして、舩橋（2013）で得た母語話者による「注釈挿入」の音声特徴、非言語行動、人工物の使用と比較することによりみえてくる点を、日本語教育への示唆として述べる。

6. 学習者の「注釈挿入」におけるリソースの使用状況

　学習者データは、通常の教室環境におけるビデオ録画のため、音声面においてノイズが多くクリアなデータとはいえない。そのため、音声解析ソフトを用いた詳細なポーズの計測は難しく、音量やピッチの明確な表示が難しいケースもあり、舩橋（2013）と同レベルの分析には適さないデータとなっている。そこで本稿では、今後の研究および授業実践を見据えた基礎作業として、音声特徴、非言語行動、人工物の使用における傾向を把握することに留める。特にポーズに関しては、音声解析ソフトを用いたポーズ長の計測、それによる議論は行わず、適宜、聴覚印象による相対的な無声区間の長さとして表示することにする*5。音声解析ソフトを用いたポー

ズ長の計測を行わないのは、上に述べたデータの鮮明度の問題もあるが、それにくわえて、学習者全般において、母語話者に比べ話速が遅く、ポーズの挿入が多く、発話末のポーズ長にもばらつきが感じられた点がある。詳細なポーズの議論は、音質のクリアなデータにおいて、個々の学習者内の話速、ポーズ数とポーズ長、発話末のポーズ長を考慮した上で行わなければならないと考えるためである。ポーズ以外の音声特徴に関しては、必要に応じて音声分析ソフトウェア WaveSurfer 1.8.8p4 による音声解析の結果を参照することにする。

　「注釈挿入」は、5名（全36名）において各1例ずつ（計5例）の使用*6 が観察された。リソースの使用状況を表4に示す。「注釈挿入」にともなうリソース使用の内実としては非言語行動の「ジェスチャー」が、人工物としては「スライド」における括弧の使用（舩橋（2013）にある母語話者と同様の、SA発話の内容を括弧内に示す使用）がみとめられた。また、音声特徴としては、MAとSAの境界（挿入と復帰）において、すべての学習者に「ポーズ」の使用がみとめられ、5名中の3名においては、SA発話における「語断片等の挿入」がみとめられた。また、学習者Cの復帰のMA冒頭部分で唯一、「音声の卓立」がみとめられた。

表4　リソースの使用状況*7

学習者B	学習者C	学習者D	学習者E	学習者F
非／人／音	人／音	非／音	非／音	音

7. 母語話者との比較からみた学習者の「注釈挿入」

　7節では、学習者のリソース使用を、舩橋（2013）のデータにおける母語話者のリソース使用と比較して考察する。

　母語話者と同様の傾向がみられたのは、SAにおけるジェスチャー（非言語行動）、スライドにおける括弧の使用（人工物の使用）と、「ポーズ」「語断片等の挿入」、1例ではあるが「音声の卓立」であった。母語話者と異なりがみられたのは、学習者において

は姿勢の変化が観察されなかった点、ジェスチャー使用の内実が異なる点、音声特徴が異なる点、の3点であった。1つ目の姿勢の変化における異なりとは、母語話者においては、SAにおいて、聴衆のいるフロアの方ではなく背後を向くという姿勢の変化があったが、学習者においては、母語話者のような姿勢の変化は観察されなかったというものである。以下では、ジェスチャー使用の内実における異なりと、音声特徴における異なりをみていきたい。

7.1 ジェスチャー使用における異なり

母語話者(同一話者による3つの「注釈挿入」)と学習者B、D、Eに観察されたジェスチャーをまとめたものが表5である。

表5 母語話者と学習者におけるジェスチャー

母語話者	注釈挿入1	(7) SA発話とともに、左手を肩より少し低い位置まで持ち上げて、上下に2回振る
	注釈挿入2	(8) SA発話の「おもに」と共起させ、体の前において両手で円を描く
	注釈挿入3	(9) SA前のMA発話において、発話内容の4つのポイントに共起させるかたちで、「両耳に手を当てる」「体の右前において両手で円を描く」「左手を肩より少し低い位置まで持ち上げて大きめに2回上下させる」「手元にあるPC画面を左手で指す」というジェスチャーを連続して行い、その直後のSAにおいてはジェスチャーを行わない
学習者	B	(10) SA発話において左手を上げる
	D	(11) SA発話において胸の前で両手を上下させるジェスチャーを繰り返し、MA復帰と同時にスライドを直示する
	E	(12) SA発話において自分の鼻を直示する

ジェスチャーには、機能の異なる複数のタイプがあり、分類においてはさまざまな立場があるが、本稿では、McNeill (1992)によって示され、複数の研究に踏襲されている4つのジェスチャータイプにもとづいて、母語話者と学習者にみられたジェスチャーを分類し、把握することにする。4つのジェスチャータイプを表6に示す。

表6　ジェスチャータイプ＊8

図像的 (iconic)	具体的な事物や出来事を絵的、図的に表すジェスチャー（例：「かばんを持った」といいながら、持ち上げる）
隠喩的 (metaphoric)	抽象的な概念や事柄を表すジェスチャー（例：両手を上向きにして「決定」や「選択」を表す）
直示 (deictic)	事物の位置関係や事物を指し示すジェスチャー
拍子的 (beat)	手や指、頭部を（わずかに）上下に振り、リズムをとるような単調なジェスチャー

　まず、母語話者のジェスチャーである。(7) では、SA 発話において拍子的ジェスチャーが観察された。SA 開始と同時にはじまり SA 発話の終盤において終了する、左手を上下に 2 回振るジェスチャーである。

(7) ［母語話者 地図］＊9
統語構造の（まあ）地図
<u>cartography（ま）英語で 地図っ</u>　ジェスチャー開始
<u>ていうんですが（ま）地図が どう</u>　ジェスチャー終了
いう 意味かっていうと 比喩で

　つぎに、(8) の SA 発話には文末形式が 2 つ（「ですね」と「ますね」の 2 つ）現れており、舩橋 (2013) において、SA 内でさらに、メインとサイドという発話構造をなしている可能性が高いと分析された例である。SA 内のサイド開始要素である「おもに」の発話にあわせて、両手で円を描くようなジェスチャーが観察された。

(8) ［母語話者 文末表現］
今回の 発表では モダリティを 表す 日本語の 文
末表現（ま）特に（えーと）助動詞とか（えー）終
助詞 ですね（ま）おもに 助動詞に なってますね
を 整理して（えと）生成文法が（えー）提案する
ような 普遍的階層構造に 位置づけると どうなる
かていう ことです

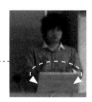

円を描く

そして（9）は、SAの前のMAにおいて、ジェスチャーが発話内容の要所で連続的に用いられ、SAではジェスチャーの使用がみられないという例である。隠喩的ジェスチャーである、「知覚的な」を発しながら両耳に手を当てる、「判断の根拠」を発しながら両手で円を描く、「判断を下す」における左手を上下に2回振るジェスチャー*10 と、「evidence」で手元のPCにある発表スライドを指す直示のジェスチャーが連続的に用いられるのに対し、SAではジェスチャーが用いられない。ジェスチャーを用いること、用いないことにより、MAとSAが異なるものとしてあることを示していると考えられる。

（9）［母語話者 evidence］
evidential は　なんとかしらいと
か　ようだとか　ある　なんか（えー
と）（ま）人間の　知覚的な（えー）
証拠から　得た　上で　それを　判断
の　根拠に　して（え）（ま）なん　何
らかの　判断を　下すっていう　意
味で　エビ evidence 根拠（う）証
拠性　っていうんですか　が　入った
りします

両耳に手を当てる

両手で円を描く

左手を上下に2回振る

PCを指す

　つづいて、学習者のジェスチャーである。まず、（10）は、スライドにある「symbolism」を直示したものと思われるが、直示したつもりとなっている例である。この学習者Bは、終始、手元の原稿メモをみながら発話しているため、直示ではなく「左手を上げた」印象となっており、スライドの「symbolism」を指示するジェスチャーとはなっていない。目標言語で発表するという負荷が、このようなジェスチャーにつながってしまったと推測される例であり、

直示ジェスチャーをするならば、当然のことながら、明確に指し示すことが重要であることが窺える例である。

(10)［学習者B（母語：英語）象徴主義］
このジャンルは以前の 象徴主義 (ま)(え
と一) 英語で symbolism という (あ) って
いうんですが それ(あの) それや(あ)(あ
の) 象徴主義や 理想主義の 文学と 異なり

左手を上げる

つぎの（11）にみる学習者Dは、発表の全般において体や両手が動く印象のある学習者であった。(11)としてあげたスクリプトの前では、胸の前で両手を上下させる拍子的ジェスチャーを繰り返しながら発話していたが、スクリプトの冒頭からは、両手を下して組み、静止する。SA 発話の開始と同時に、胸の前で両手を上下させる拍子的ジェスチャーを再開し、復帰のMA発話冒頭の「これを」と共起させてスライドにある「瑞宝章」を指すという直示ジェスチャーを用いている。SAの前のMAにおいて静止し、SAで拍子的ジェスチャーを用い、復帰のMA冒頭「これを」と共起する直示ジェスチャーを用いることで、SAとMAが異なるものとしてあることを示していると考えられるだろう。

(11)［学習者D（母語：ポーランド語）瑞宝章］
日本の 国民は 彼に 感謝の 気持ちを 表
すため 1969 年 瑞宝章 (まー)(うー)
長年に(ん) 公共の ために 働いた 人に
与える 賞ですが これを 与えました

両手を下し組み、
静止する

胸の前で両手を
繰り返し上下させる

両手を上下させることをやめ、スライドを直示

最後の（12）は、SA において、自分の鼻を指す直示ジェスチャーを用いている例である。

(12)［学習者 E（母語：中国語）鼻孔］
(え) 研究者は (えー) 患者の 右の 鼻孔
(えーと) (え) 鼻 (えー) 鼻の 穴です その
(えー) それで ある 花の 匂いを 患者さんに
嗅がせましたが

鼻を直示

以上、母語話者と学習者のジェスチャーを、ジェスチャータイプに沿って把握した。まず、図像的ジェスチャーを除く3つのジェスチャータイプが観察された*11。ジェスチャーは、発話の内容に左右されるところも大きいため、発話内容が異なるデータにおいて、個人間の、また、母語話者と学習者の使用を比較はできない。しかし、ここで観察されたことは、教育上の手がかりになる可能性はあると考える。そのような観点から、母語話者と学習者のジェスチャー使用の異なり*12をみてみると、ジェスチャータイプとしては、直示と拍子的ジェスチャーは母語話者と学習者の両者にみられたが、隠喩的ジェスチャーは学習者には観察されなかった。口頭発表では抽象的な概念や事柄を述べることが推測されることからも、抽象的な概念や事柄を表すジェスチャーを提示していく可能性も考えられるだろう*13。また、直示ジェスチャーにおいては、明確に指すことが注意点の1つとしてあげられよう。なお、「注釈挿入」においては、SAでジェスチャーを行うばかりではなく、MAでジェスチャーを行いSAでジェスチャーを行わないことによっても、発話構造の有標化が可能であることが窺われた。ジェスチャーの使用においては、その使用不使用の対比によって、SAとMAが異なるものとしてあることが示されていると考えられるだろう。

7.2 音声特徴における異なり

全体的な傾向に関して直感的な印象をあげるとすれば、母語話者

に比して学習者は「音声の変化が乏しい」というものである。つまり、抑揚のない、いわゆる「棒読み」の印象である。この印象は、複数の学習者にみとめられた音声特徴が「ポーズ」*14 と「語断片等の挿入」であり、おもに発話を区切りとぎれを生む音声特徴であったこと、抑揚のある「棒読み」ではない印象につながると思われる、その他の音声特徴がみとめられなかったことによるものと推測する。母語話者では、「注釈挿入」のMAとSAの境界における「話速の変化」(SAがMAにたたみかけるように開始される、MAがSAにたたみかけるように開始されるという変化)、SAにおける「話速の変化」(速まるという変化)、SA発話における「音量の変化」と「ピッチの変化」(ともに低くなるという変化)、その他、「母音の引き延ばし」と「半疑問音調」がみとめられたが、これらの音声特徴は学習者ではみとめられなかった。そして、「音声の卓立」が学習者1名に1例みとめられたのみであった。

　母語話者における顕著な傾向としてあったような、MAとSAの境界およびSA発話における「話速の変化」「音量の変化」「ピッチの変化」に関しては、学習者ではみとめられなかったわけであるが、より詳細にいうと、学習者では5名中4名でみとめられず、残る1名の学習者D(瑞宝章の例)では、SA発話に近づくにつれ話速が遅くなり、SA発話が強調される(話速が遅く、音量が大きく、ピッチが部分的に高くなる)という、母語話者とは逆の傾向がみとめられた。「話速の変化」「音量の変化」「ピッチの変化」がみとめられなかった学習者の例として学習者Cを(13)に、SA発話が強調される学習者Dを(14)に示す。

　(13)〔学習者C(母語:中国語)新卒者〕
　　また 企業は 採用の 際 (0.3) 新卒者 (0.2) (えー) つまり (0.3) 卒業したばかりの 人の ことですが (0.3) そういうことを そういう人を

［音声解析の結果］

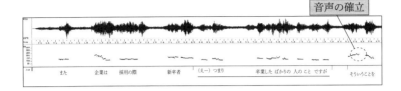

（14）［学習者D（母語：ポーランド語）瑞宝章］
日本の 国民は 彼に 感謝の 気持ちを 表すため（0.2）1969年 瑞宝章（0.2）
(まー)(うー)(0.2) 長年に (ん) 公共の ために 働いた 人に 与える 賞
(0.3) ですが (0.2) これを 与えました

［音声解析の結果］

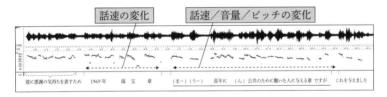

　（13）は、「ポーズ」、学習者で唯一「音声の卓立」がみとめられた例でもある。復帰の「そういう」でピッチの高まりが確認できる。その他、MA、SAにおいてピッチは平坦であり、波形の振り幅もそれほど特徴なく推移するのが窺えるだろう。
　それに対し（14）では、特に、SA前の「1969年瑞宝章」、MAとSAの境界の「まー」「うー」という延伸したフィラーにつづき、「長年に」あたりで話速が遅く、SA発話（特に、SA発話冒頭の「長年に（ん）公共」あたり）においてピッチの山が多くなり、波形の振り幅も上下に大きく振れているのが窺えるだろう。
　以上が学習者と母語話者で異なりがみられた3点である。最後に、学習者の言語形式の使用において、特に、留意すべきと思われる点を付記したい。「注釈挿入」における「つまり」の併用である。母語話者においては、64例中「つまり」の使用は1例であり、日

本語における「つまり」は一般的には、MAとSAという発話の構造化を行うものではない。よって、「注釈挿入」における言語形式面の指導においても「つまり」は含めていない。しかし、(13)にあげた学習者C（新卒者の例）に「つまり」の併用がみられ、学習者Fにおいても同様の使用がみられた。また、平田・舩橋（2013）では、文節を分断しない挿入も認定に含め、10名*15において15例が観察された「「注釈挿入」とそれに近い形式」の分析を行った。文節を分断しない挿入まで含めると、「つまり」の併用は3名による4例の使用となる。そして、この「つまり」を併用する3名全員が、中国語母語話者であることに留意したい。発話の途中で補足的な注釈を行いたいとなったとき、中国語においては選択される言語的手段が異なる可能性が示唆されよう。中国語において発話の途中で注釈をくわえるという言語行動をみていくことが今後の課題である。

8. 結論

　本稿の分析により得られた結果から、日本語教育に示唆されること、および、今後の課題を述べることによって本稿の結論としたい。
　まず、人工物の使用に関しては、母語話者には観察されたスライドにおける括弧の使用と同様の使用が、学習者においても観察された。補足的内容であるSAの表示方法として括弧を用いるという点は、ある程度、ユニバーサルな点とも推測され、学習者にも取り入れやすい要素ではないかと推測される。「注釈挿入」におけるリソース使用の有効な一例として括弧の使用を示すことは、SAの視覚的な表示方法として括弧があることのみならず、「注釈挿入」の発話構造に対する理解の助けともなると思われる。なお、舩橋（2013）のデータでは、括弧の使用のみが観察されたが、日本語における括弧以外の、表示方法のバリエーションを把握する調査も行う意味があると考える。
　つぎに、非言語行動に関しては、母語話者には観察されたSA発話を行いながら後方を向くという姿勢の変化は、学習者には観察さ

れなかった*16。常に聞き手、フロアを見つづけることが必ずしも有効であるとはいえないこと、SAがあくまでサイドの発話であることを表示するリソースとして、聞き手に対するのではなく、後方を向きながら発話するという姿勢も有効となることを、「注釈挿入」とともに学習者に示すことができると考える。

　また、学習者においても「注釈挿入」の発話構造にともなうジェスチャーの使用が観察された。学習者においては、SAにおいてジェスチャーを用いる方向のみがみられたが、母語話者の使用からは、「注釈挿入」においては、SAでジェスチャーを行うばかりではなく、MAでジェスチャーを行いSAでジェスチャーを行わないことによっても、発話構造の有標化が可能であることが窺われた。また、直示ジェスチャーを行う際は、明確に指示することが注意点としてあげられる。なお、ジェスチャーは発話内容に左右されるため、あくまで教育上の手がかりのレベルであるが、隠喩的ジェスチャーが学習者には観察されなかった点は、留意すべきである。

　そして、音声特徴に関しては、母語話者において有効なリソースの1つであったポーズの使用が、学習者においても同様に観察されたことにより、学習者にとってポーズは、取り入れやすいリソースであると推測される。ただし、ポーズ長に関しては、本稿の注14において付記したように、学習者のポーズが母語話者のそれよりも全般的に長い印象があった。そもそも学習者の多くにおいて、母語話者に比べ話速が遅く、発話末のポーズ長にばらつきが感じられた。今後の課題としては、より音質のクリアなデータにおいて、個々の学習者の話速や発話末のポーズ長を考慮した上で、「注釈挿入」における適度なポーズ長を判断しなければいけないと考える。母語話者の「注釈挿入」における適度なポーズ長（発話末とは感じられない程度のポーズ長、舩橋2013）をそのまま適応することはできないが、学習者のポーズには長くなる傾向もみられたため、「発話が終わった」と感じられるような長いポーズは挿入しないという情報を積極的に示すことには意味があると考える。

　また、母音の引き延ばしや半疑問音調は、学習者にみとめられなかった。非流暢性、なめらかではない発話の要素と思われるこれら

の音声特徴も、可能なリソースの1つとして指導の視野に入る可能性が考えられる。

　さらに、母語話者における顕著な傾向としてあったMAとSAの境界やSAにおける話速の速まり、SAで音量が小さく、ピッチが低くなるという変化は、学習者においてはみとめられなかった。学習者においては、MAとSAにおいて聴覚印象が変わらない、いわゆる棒読みの傾向が強く、母語話者とは反対に、SAが音声的に強調される（遅く、大きく、部分的に高くなる）という傾向もみとめられた。MAとSAにおいて聴覚印象が変わらない傾向がみとめられた点から、「注釈挿入」の指導においては音声面の情報を取り入れていく必要性が示唆されるだろう。また、SAがMAとは異なるものとしてあることを表示するという意味においては、SAが強調されるような音声を用いてもよく*17、学習者D（瑞宝章の例）にみられた傾向は有効なリソース使用とも考えられる。しかし、ここで留意すべきは、SAがMAとは異なるものとしてあることを示すために、学習者が意図的にSAを音声上強調しているか、という点である。たとえば、初級学習者の文イントネーションの山が多くなる現象にみられるように、音声上の普遍的な問題として、弱く実現することの難しさから結果として「強調された」とも考えられるからである。本稿で観察されたSAが音声的に強調されるという例は、新しく学んだ「注釈挿入」を実際に用いるにあたり、MAとSAを異なるものとして示すために意図的にSAを強調しているのではなく、必然的に現れた音声上の変化である可能性も考えられるだろう。そうであるならば、いわゆる棒読みの学習者がいることを考えあわせても、学習者はまず、「注釈挿入」において言語形式を学ぶのみではなく、その発話構造にともなう音声特徴を用いることの有効性、必要性を理解することにはじまり、SAにおいては、音声的に強調するのではなく、早口や小声が有効なリソースの1つとなることを知る必要があると考える。

　なお、この点と関連して、「注釈挿入」がコピュラ文、コピュラ文を模した簡潔な発話構造である（舩橋2011）という点を思い起こしたい。これは、目安として、早口や小声といった音声を実現で

きる適当な長さのSAともとらえなおされるだろう。(15)は、「注釈挿入」ではないが、学習者データの一例である（スクリプトの〈　〉に発話以外の情報を示す）。クラスメートからの「難しいよ」という声や笑いにより、この学習者は、準備した原稿から離れ説明をくわえている。ここまでの長さにおよぶ補足的な説明を行いたいとなった場合、それを「注釈挿入」の形で実現するのは、内容的にも、音声特徴的にも難しいことは十分に推測されるところである。

(15)［学習者G（母語：中国語）恒星］
でも この 恒星の 周りを 回る 公転 公転の 周期と この 惑星が 回る じてじてじてん〈準備原稿を見る〉（あ）すみません 自転の 周期が 同じため この 恒星から 〈クラスメートからのつぶやき「難しいよ」、クラスメートの笑い〉(あ) たとえば (あ) 私 この 地球の 空に 見える 地球のような ものです 月も この 自転と 公転の 周期が 同じため 一部しか 見えないのが 分かりますそのため 光が (あー) さす 領域と ささない 領域が 明確に 分かれるため この 境界にしか 生命体が いき 生きる ことが できないと 予想されています（下線部は準備原稿にない部分）

以上、「注釈挿入」の言語形式面のみを導入した授業実践から、その指導においてはコミュニケーションの総体をみていく必要性が示唆された。本稿で得られた知見を手がかりとして、言語形式とともにある音声特徴、非言語行動、人工物の使用といった、コミュニケーションの総体を視野に入れた指導内容を吟味し、授業実践を行っていくこと、授業の分析と実践を重ねて指導内容を再吟味していくことが今後の課題である。

＊1　（F）で囲まれた要素はフィラーであり、CSJの転記テキストによる。末尾の括弧でくくった英数字はCSJのデータ番号である。
＊2　発話例では、意味的、音声的な切れ目に句読点を挿入し、フィラーを括弧でくくった。句読点挿入、フィラーの判断は、筆者2名の話し合いによる。

*3　(5b) のように、文節を分断しての挿入ではないが、補足的な注釈を挿入する挿入構造を指す。
*4　ポーズの秒数は、10モーラ（例：だるまさんがころんだ）を1000msで発話し、そのモーラ数をカウントした。2モーラならば、「0.2」のように表示する。
*5　「聴覚印象による相対的な無声区間の長さ」の計測および表示は、注4に準じる。
*6　平田・舩橋（2013）および3.2節では、「注釈挿入」と「それに近い形式」として、文節を分断しない挿入も認定に含めているため、10名において15例の使用となっている。しかしここでは、舩橋（2013）における母語話者のリソース使用との比較を視野に入れるため、「注釈挿入」の認定も舩橋（2013）にしたがった。
*7　観察されたリソースは、リソース名称の頭文字で表示する。
*8　佐々木（1987）、喜多（2002）、ザトラウスキー（2002）を参考にまとめた。ジェスチャータイプの日本語訳はザトラウスキー（2002）による。ただし、「直示」のみ、ジェスチャーを大きく二分（「指示的ジェスチャー（referential gesture）」と「非命題的ジェスチャー（off-propositional gesture）」）した際の前者と区別するために、ザトラウスキー（2002）にある「指示的」ではなく「直示」とする。
*9　スクリプトは、文節ごとに半角スペースを挿入した。フィラーか語断片かの判断は困難なため、両者を区別せずに「（　）」で囲んだ。
*10　ここに観察された左手を上下に2回振るジェスチャーは、振り下げた手が下で定置する（若干長く下に留まる）印象があり、(7) にみられた拍子的ジェスチャーとは異なる印象があった。よって、隠喩的ジェスチャーと判断した。
*11　McNeillは、指示的ジェスチャーの下位分類としてある図像的ジェスチャーと隠喩的ジェスチャーでは、図像的ジェスチャーが大部分を占めると指摘している（佐々木1987: 136–137）。あくまでも、本稿のデータにおいては、図像的ジェスチャーが観察されなかったととらえるべきであると考える。
*12　表5の(8)「おもに」と共起するジェスチャーなどは、ある程度の汎用性があり、例示する情報としては適当ではないかと考える。
*13　コミュニケーションという観点からすれば、観察されたジェスチャーが発話、視線、姿勢等と連動することで、聞き手の注意喚起や、発話構造や意味の理解につながるというようなリソースの複合的な使用をみていく必要があると考える。リソースの複合的な使用における母語話者と学習者の比較分析は今後の課題としたい。
*14　学習者データの鮮明さの問題から、正確なポーズ計測はできないものの、聴覚印象としては、学習者のポーズ長のほうが母語話者のそれよりも、全体として長い印象があったことを付記する。
*15　10名の母語による内訳は、中国語母語話者4名、英語母語話者4名、ロシア語母語話者1名、ポーランド母語話者1名である。
*16　1名の学習者は、ほぼ常に手元のメモをみながら発表を行ったが、その他の4名は、クラスメート、フロアをみながら発表を行った。
*17　聴覚印象レベルではあるが、棒読みの「注釈挿入」では、音声のみでは

挿入が起こったことを聞き逃してしまう場合もあったが、SA が音声面において強調された学習者 D（瑞宝章の例）においては、どこで挿入が起こったかが音声面から明らに感じ取れるものであった。

参考文献

舩橋瑞貴（2011）「「注釈挿入」の発話構造と言語形式―言語による発話構造の有標化」『日本語文法』11（1）：pp.105-121. 日本語文法学会

舩橋瑞貴（2013）「「注釈挿入」における発話構造の有標化―言語形式以外のリソース使用に注目して」『日本語教育』155: pp.126-141. 日本語教育学会

平田未季・舩橋瑞貴（2013）「聞き手を意識した研究発表活動―「「注釈挿入」」を用いた指導例」『専門日本語教育研究』15: pp.53-58. 専門日本語教育学会

喜多荘太郎（2002）『ジェスチャー―考えるからだ』金子書房

McNeill, D. (1992) *Hand and Mind: What Gestures Reveal About Thought*. Chicago: University of Chicago Press.

佐々木正人（1987）『からだ―認識の原点』東京大学出版会

ザトラウスキー、ポリー（2002）「日米におけるアニメーションのストーリーの語り方と非言語行動の相違」水谷修・李徳奉編『総合的日本語教育を求めて』pp.187-201. 国書刊行会

研究発表指導クラスで使用したテキスト

犬飼康弘（2007）『アカデミック・スキルを身につける　聴解・発表ワークブック』スリーエーネットワーク

第6章
LINEのビジュアルコミュニケーション
スタンプ機能に注目した相互行為分析を中心に

岡本能里子・服部圭子

1. はじめに

　私たちは日々、インターネットに代表されるメディアを通した言語、視覚、映像などのマルチモードによるコミュニケーションに参加している。日本においては、スマートフォン（以下、スマホ）の浸透と共に、音声のない言語を含むマルチモードのビジュアルコミュニケーションメディアであるLINEが、若者の間で急速に広がってきている。2013年12月現在、高校生の70％がスマホを利用しており、その内67％がLINEユーザーであったという情報が、NHK総合テレビ（「くらし☆キラリ」2013年12月6日放映）でも伝えられた。LINEのサービス開始は2011年6月23日だが、2013年8月には世界231カ国に広がり、サービス開始からわずか19カ月でスマホ登録者のLINEユーザーが1億人を突破した（2013年1月18日付けのLINE公式Twitter）。それに対し、TwitterとFacebookが1億のユーザー獲得までにかかった日数は、それぞれ49カ月、54カ月である。2014年4月1日にLINE利用者数が4億人となった時点で、この勢いが続けば8月上旬には5億人となる可能性も高く、日本発のサービスが成し遂げた快挙に、インターネット業界ではお祝いムードに包まれているとの報告がなされていた（『週刊ダイヤモンド』p.28）。その後、LINEアプリをダウンロードした登録者数は2014年10月9日現在5億6千万人となった（朝日新聞DIGITAL 2014）。Facebookが5億人を獲得するまで6年5ヶ月かかっていることからも、開設から3年3ヶ月余りでの5億人達成は、驚異的であるといえよう。尚、2016年3月末の実際の利用者（アクティブユーザー）数も伸びており、全世界月間アクティブ数は、2億1,840万人となっている。特に、日

本国内の月間アクティブ率は、96.6%という高さを示していることが注目される。(LINE自社業績報告：http://linecorp.com/ja/pr/news/ja/2016/1347)。更に、LINE社は、2016年7月14日にはニューヨーク証券取引所で、7月15日には東京証券取引所で、同時上場を行なった。本研究で注目するLINEではじめて登場した「スタンプ」と呼ばれる動物や人物などのイラストが、LINE売上高の2割強を占める*1（日経新聞2016年7月28日）。またLINEの対話アプリは航空機の搭乗券や宅急便の配達などビジネスの世界にも普及している（日経新聞2017年1月16日）。

　このように、いまやLINEが日本で利用されている無料対話アプリの主要なものの1つであることは間違いない。その一方で、若者の間に広がるLINE依存症や、それに伴う他者との関係構築上の問題点が指摘され、教育の必要性も議論されつつある。

　このような状況の中、日本語のLINE上の相互行為を分析し、コミュニケーション実態を捉えた研究も少しずつ見られるようになってきた（岡本2016）。しかし、まだあまり進んでいない。本稿では、まず日本語のLINEのコミュニケーションの特徴を俯瞰する。そして、LINEを「ビジュアルコミュニケーション」として捉え、特に上述のLINEで初めて登場した「スタンプ」の機能に注目する。そしてスタンプを、いかに配置してLINEの行為調整上の課題を解決し、コミュニケーション状況に「溶け込む」べく「参加を組織化するための道具」として利用し合っているのかを検討する。同時に、どのように互いに相互行為を調整し、協働的にコミュニケーションを達成しているのかを考察する。串田（2006: 273）は、「人間のもっとも中心的なコミュニケーション能力」である「進行する相互行為の中でそれに溶け込むためにことばを配置していく能力」に言及している。本研究では、LINEの相互行為が対面や音声での自然会話とは異なる日本語のメディアを通したビジュアルコミュニケーションであるという視点をとる。そして、LINE上のコミュニケーションにおいてスタンプの配置がいかに相互行為に溶け込み、参加を組織化するための機能を果たしているのかを探求する。更に、日本語教育実践との関連についても検討したい。

2. LINEとは

　LINEとは、韓国最大のインターネットサービス会社NHNの日本法人であるNHN JapanのブランドNAVERNAVERが提供しているソーシャルネットワークサービス（以下SNSと記す）で、日本発の無料電話・メッセージアプリである。先述のようにTwitterやFacebookよりも普及速度は速く、人気の主要な要因として、携帯電話会社に関係なく無料であることや、登録が容易であることなどがあげられる。また、ケータイで親しまれた多様な絵文字や顔文字（エモティコン）に加え、独自のLINEキャラクターや従来の人気キャラクターで手軽に感情が表せる様々な「スタンプ」というビジュアルコミュニケーション機能が加わった。このように、経費の少なさや繋がりやすさに加え、絵文字、顔文字、「スタンプ」が伝える「遊び心」「楽しさ」が受け、若者を中心に急成長を遂げていると考えられる。

　筆者らは、メディアを通した相互行為研究の最大の注目点は、新たなメディアの出現の際に、既存のメディアに加わった新機能、正にその部分であると考えている。なぜなら、これまでになかったメディアの機能の拡張と制約が現れ、それに応じた相互行為の組織化の方法が必要になるからである。そこに注目し分析することで、これまで「見えているが気づいていない」状況に埋め込まれた人々のコミュニケーションの文化的指標性やルールが垣間見え、相互行為の秩序を内側から説明できる機会となると考える。

　これらの視点をもとに次の章では、LINEがどのような意味伝達モード（音声か文字か写真かなど）や、送受信のタイミング（同時＝同期か、時間差がある＝非同期かなど）のコミュニケーション状況の特性、つまり「場面的特性」をもったメディアであるのかを、インターネットリレーチャット（以下チャットと記す）とケータイメールとの比較から整理しておきたい。

2.1　LINEの場面的特性

　LINEチャット（以下、LINE）、パソコンなどネット上でのチャッ

ト、およびケータイメールの場面的特性を比較し、表1にまとめた。

表1 LINEの場面的特性：ネット上のチャットとケータイメールとの比較

場面性	LINE	チャット	ケータイメール
空間	共有なし	共有なし	共有なし
送受信のタイミング	ほぼ同期	ほぼ同期	ほぼ同期
返信	**同期から数日後まで**	ほぼ同期	**同期から数日後まで**
既読表示	ある	ない	ない*
伝達モード	文字、絵文字、記号、写真、スタンプ	文字、絵文字、記号、写真	文字、絵文字、記号、写真
参加形態	1対1　**1対多**	1対1　**1対多**	1対1*
匿名性	**低い**	高い	**低い**

*スマホの機種によってはショートメッセージなどで既読表示があり、複数参加も可能。

　表1から、LINEはネット上のチャットともケータイメールとも重なりが多いことがわかる。その中で、「スタンプ」と送り手に受け手がメッセージを読んだことがわかる「既読」表示は、LINEに付与された新たな機能である（グレーの部分）*2。また、チャットとケータイメール間で異なる特徴がLINEにいかに反映されているかをゴシック太字で示した。

　以下では、これらの場面的特性が、どのようにコミュニケーション上の相互行為に反映するのかを、特にLINEに新しく付加された「スタンプ」に注目して考察する。上述のように、新しいメディアが生まれると、これまでのメディアにない機能が付加される。それは、相互行為における「参加の組織化」に何らかの影響を与えているはずである。その意味から、「スタンプ」を中心にLINEを分析し、「ビジュアルコミュニケーション」という観点から、例を示しながら、LINEの特徴を整理したい。

2.2　LINEの特徴

　例1、例2に示したのがLINEの画面である。以下にLINEの特徴を記す。

　1) グループ名、参加者の人数が表示される。（例1-①）
　2) 入力した文字やメッセージが吹き出しの中に一挙に表示され

る。(例2-⑩)
3) 着信した順番に発話が時系列に並ぶ。日が変わると日付が表示される。(例1-②)
4) 画面の左側に、送信者の登録氏名や写真・送信者を表すマークなどが現れ(例1-③)、同時に、相手が送信した時刻が表示される。(例1-④)
5) 1回に1つの「スタンプ」が送信できる。また「スタンプ」は、絵文字のように文字メッセージと共に送ることはできない。ただし、スタンプの中には、もともと「ありがとう」、「ごめん」、"OK"、"Thank you"、"Sorry"、などの文字が含まれているものも多い。(例1-⑤)
6) 画面の右側には、自分が送信したメッセージが吹き出しに表示され(例1-⑥)、発信時刻、相手が読んだ場合は、「既読者数」表示が出る。(例1-⑦) 尚、参加者が複数の場合は、既読者が増える毎に「既読者数」表示が増える。
7) 写真や動画(音声も含)が送信できる。(例1-⑧)
8) 新しくメンバーに入ったりやめたりする際に表示が出る。(例2-⑨)

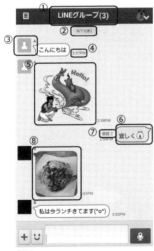

①グループ名
②日付
③送信者(名前・写真)
④時間
⑤スタンプ(文字も含む)
⑥自分のメッセージ(吹き出し)
⑦既読者数
⑧写真

例1

⑨招待、参加、退会の表示
⑩メッセージ（吹き出し）

例2

9）誰かが招待した場合も、その旨表示される。（例2-⑨）
10）その他、STICONS（LINE専用の絵文字）機能なども加わり、スタンプ同様の利用ができるようになってきている。

これらの特徴から、参加組織化を探っていく上で、特に注目したい点は、

1）着信時間にそって時系列的に並ぶため、視覚的なシークエンス上は、同時発話やオーバーラップが表示されない。
2）視覚的なシークエンスからは、沈黙は、切れ目がなく見えない。

LINE上の会話は、吹き出しの中に表示されるため、視覚的に相互行為のシークエンスがスムーズに流れているように見える。しかし、実際は、前の発話に応答したつもりでも、他の人の発話が間に入ってしまう状況もしばしば見られる。また、すぐ応答されたのか、数時間や日を越えて応答されたのか、一見してはわからない。よって、岡本（1998）で示したインターネットチャット同様に、誰のどの発話に対して発話しているのかを明示するなど、やりとりが秩序だって進む工夫がなされ、参加の組織化が行われていると考えられる。そこで、それがどのような方法でなされているのかに注目し分析・考察する。

3. 目的とデータ：スタンプを中心に

3.1 データ概要

データは、2012年9月～2013年3月に収集した、関東圏と関西圏の2大学において、複数の学生が参加しているLINEメッセージの記録である。

3.2 目的

本稿では、LINEの画面を示しながら、「スタンプ」を中心に、以下2点に注目し、分析する。

1) LINE上のスタンプの機能：LINEでの参加者のやりとりの中で、初めて登場したスタンプの配置から、その機能を整理する。

2) スタンプを通した参加の組織化：スタンプがどのような参加の組織化のリソースとして利用されているかを考察する。

4. 分析と考察

4.1 スタンプの配置と機能

4.1.1 スタンプのみ

例3は、ある参加者の「飲み会」提案に対する返答部分である。1Aの前で、飲み会の幹事が「7日の場所が決まりました！」という発話に続いて、宴会の場所のURLや集合時間などを案内している。それに対して1A、3C、4D、5Eがそれぞれ「りょ！」「了解です (^^ゞ)」「りょーかい (^。^)」「わかりました (⌒▽⌒)」という応答を文字のみまたは文字と絵文字で伝えている。一方、2Bおよび画面の右側に記載される受信者は、スタンプのみで応じ、了解を表している。このように、応答という隣接ペアの第2発話をスタンプが担い、1つのターンとなっていることがわかる。

4.1.2 発話＋スタンプ

LINE会話では、発話の後にスタンプが続く組み合わせが繰り返し出現する。例4の3C、4C、例5の1A、2A、例6の1A、2A、

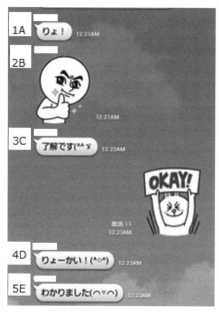

例3　スタンプのみ

例7の1A、2Aがその例である。これらのスタンプは、それぞれ、例4の4Cでは「ねぎらい」、例5の2Aでは「疑い」、例6の2Aでは「別れの辛さ／寂しさ」、例7の2Aでは「残念／申し訳ない」といった投稿者のメッセージを表していると考えられ、絵文字や顔

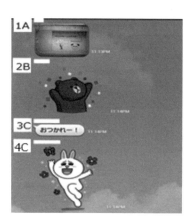

例4　発話＋スタンプ例（1）

例5　発話＋スタンプ例（2）

例6　発話＋スタンプ例（3）

例7　発話＋スタンプ例（4）

文字に近い機能だといえよう。例3とは異なり、1発話と1スタンプで、1つのターンを構成しているといえる。

4.1.3　スタンプ＋発話

　4.1.2とは逆にスタンプが発話の前に配置される場合もしばしば見られた。例7では、4Bの発話が、直前のスタンプ3Bの説明となっている。例8では、1Aのビールで乾杯しているスタンプの次に2Aの「ならず！」、続く3Bも同じくビールで乾杯のスタンプの後に4Bの「しきりなおし？」という発話が続いている。これらは、「飲み会ならず！」「飲み会しきりなおし？」を意味しており、例4〜例6と同様に1A、2Aでそれぞれ「スタンプと発話（＝言葉）」で1ターンを構成している。つまり、1A-2Aと3B-4Bは、スタンプがターンの1要素となる同一構造になっているのである。この点について後に参加の組織化の観点から詳しく述べる。

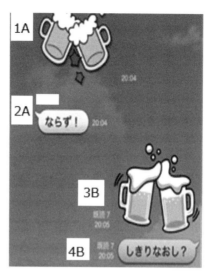

例8　スタンプ＋述語で1文

4.1.4　スタンプの連続

例9は、打ち上げ会の日程の相談をしている会話の一部である。1Aで「24日か4日か」という提案がされるが、「24日なら行けます」（5E）というメッセージで4日の可能性が消えた。しかも教員の予定は1A以前に、両日可能であることが確認済みであったため、幹事が24日の実施を決定した（8A）場面である。この8Aの「じゃあ、24日で決定にしますね～」という日程決定の「確認要求」に対する承諾応答を9Hがスタンプを用いて伝えた。それに続いて、他のメンバーがおのおの自分の好むスタンプを用いて応答していることが9H以降に見てとれる。

　2.3でも述べたように、1回に送信可能なスタンプは1つのみであり、例9は、上述の「スタンプのみ」と同様に、それぞれのスタンプが1つのターンを構成している。ただ、通常のターンテイキングとは異なる秩序が見られる。これについても、参加の組織化の観点から後で詳しく述べる。

例9　スタンプの連続

4.2　参加の組織化のリソースとしてのスタンプ
4.2.1　文字スタンプ、スタンプの中の文字

　スタンプには"OK"、"Sorry"、"Thank you"、"Good Night"などの文字だけのものもある。また、イラストに日本語、英語での文字が含まれているものがある。注目したい点は、各グループのスタンプには、文字のみの文字スタンプとイラストに文字が含まれたものがあり、双方に「ありがとう」、「ごめんなさい」、"OK"、"Sorry"、"Thank you"、"Good Night"などが多いことである。電話会話では、「了解」や"OK"が終結へと導く前終結（pre-closing）として機能することが明らかになっている（Schegloff, Emanuel and Sacks 1973）。また、日本語の電話会話の終結研究では、「感謝」や「謝罪」が、終結のシークエンスを共同構築する重要な発話となっている（岡本1990）。文字スタンプやスタンプに含まれる言葉にもローカルな隣接ペアと、グローバルな全体構造における話題の終了や、終結部への移行、会話全体の終結完了を導く要素を担っているものが多く見出されたことは、LINEのやりとりにも参加の組織化の志向性が現れていると考えられ、興味深い。正に「スタンプ」は、画面の狭いスペースと電子媒体をうまく活用した「現代の象形文字」（朝日新聞2014）だといえよう。

4.2.2 参加の道具としてのスタンプ

4.1.3 の例 8 において、スタンプと言葉で 1 つのターンを構成していることを説明した。ここでは、串田（2006: 276）が「参加の道具としての言葉」としてあげている 6 つの利用可能な言葉の「形式的構造」の使用法のうち、以下（1）から（5）を取り上げ*3、例 8 のスタンプと言葉の構造を「参加の道具としての言葉とスタンプ」として捉え直し、考察してみたい。

（1）自分の発話を特定の位置に配置すること
　1A-2A に続く位置に 3B-4B が置かれている。
（2）自分や相手の発話（の 1 部）を反復すること
　1A と 3A とは、全く同一ではないが、ビールのイラストを反復している。
（3）自分や相手の発話の統語的形式を引き継ぐこと
　「スタンプ＋述語（言葉）」で一文を構成する形式を引き継いでいる。
（4）自分や相手の統語的形式を踏襲すること
　「スタンプ＋述語」＋記号「！」「？」という形式を踏襲している。
（5）自分や相手の発話（の 1 部）を置換すること
　3B-4B は、1A-2A と同様の構造の中で「述語」と「記号」の部分を置き換えている。

　このように、言葉とスタンプで 1 つのターンを形成すると同時に、「参加の道具としての言葉とスタンプ」の使用法を通し、スタンプと言葉が「進行中の相互行為にしかるべき仕方で位置づけられ」（串田 2006: 277）、「状況に溶け込むよう」配置されていることがわかる。ここでは、互いに「飲み会」中止の意図をそのつど見える形で確認し合い、「しきりなおし」することの合意を共同達成しているといえよう。LINE は非対面のやりとりであり、視線などが使えないことから、複数参加の LINE の場合、このような利用可能なスタンプと言葉の「形式的構造」を使用し、誰が誰に答えているのかを伝える機能を果たし、参加の組織化を担っていると考えられる。

4.2.3　ビジュアルターンテイキング

4.1.4 の例 9 では、スタンプが 1 つのターンを形成していることを明らかにした。この例 9 のやりとりでは、画面上スムーズにターンテイキングが行われているように見える。しかし、着信時間を良く見ると同時発信だったかと思われるものもあれば、数時間あいて発信されているものもある。参加者の人数を全員が把握しているため、全員の応答が出るまで待つこととなり、時には日付を越えたやりとりになるものと思われる。つまり、画面上では、視覚的には自然会話で起こる「オーバーラップ」はなく、また「沈黙」も発信時間を見ない限り「ないもの」となるため、言い直しや言いよどみが少なく、スムーズに発話交代が行われているように見える。したがって、スタンプや言葉を通常のターンの流れに従って配置することで、参加者が見た目の「ビジュアルターンテイキング」として会話の秩序を共同で維持していると捉えることができるのではないだろうか。

4.2.4　スタンプの種類と言葉の使い分け

更に例 9 のスタンプの配置について考えてみよう。使用されているスタンプの種類を見ると、各自が好む別々のスタンプを使用している。その結果、視覚的に異なる話者が答えていることが伝わる。このスタンプのやりとりについて詳しく見てみると、1A の幹事の「確認要求」の後半は、教員個人名指しで再度「確認要求」の質問が送られている。しかし、前半は、打ち上げ会に参加する全員が答える必要がある第 1 発話の「確認要求」としても機能していることが、2B から 7G までの言葉（文字）による第 2 発話の「確認応答」からわかる。それを受け、8A では、当該トピックを 1A の発話ではじめた幹事が、2B から 7G の応答として「おっけー (^。^)」という確認了解を伝えている。引き続き、「じゃあ、24 日に決定しますね～」という決定の「確認要求」が出され、続いて 9H のスタンプ応答を皮切りに、14L まで決定の「確認応答」を表す別々のスタンプが発信される。ここで興味深いことは、9H から 14L までのスタンプ発信者は、2B から 7G で応じたメンバー以外の参加者であ

る点だ。つまり、この1Aおよび8Aが、全員に宛てた発話であることを理解していることを意味している。また、2Bから7Gまでは、全員言葉で、9Hから14Lまでは、全員スタンプで応じており、それぞれが、最初の応答者である2Bおよび9Hの応答形式に合わせていることがわかる。

　このように、隣接ペアの第2発話部のはじめの話者の形式を2人目以降の話者が踏襲しているのである。先の4.1.3でも指摘したように、前の話者の形式を踏襲することを通して、それぞれが、視覚的に観察可能な方法で、どの発話に応答しているかを示し合っていることがわかる。つまり、視覚的に相互行為の秩序をふまえた参加の組織化が行われており、スタンプがそのための1つのリソースとして利用されているといえよう。

　以上のように、スタンプは、1つのターンや、隣接ペアの一部を形成し、会話の連鎖を方向付けると同時に、ターンの一部の形式として反復されたり、踏襲されたりすることにより、参加の組織化のリソースとして参照され、利用されていることがわかった。

　尚、今回は、紙幅の関係上、終結までの詳細な会話シークエンスを示すことができなかったため、会話の開始や終結の共同構築については、稿を改め、報告したい。

5．まとめ

以上の分析からスタンプの機能についてまとめる。
（1）会話の連鎖を方向付ける
　1）1つのターンと隣接ペアの一部として機能する（例9）。
　2）文の一部の構成要素となる（例8）。
　異なる話者がスタンプと言葉という同一構造を形成する。
　3）1ターンについて、スタンプのみか、言葉のみかを使い分ける。
　どちらを選ぶかは、前の発話者の形式に合わせる（例9）。
（2）参加構造の組織化を担う
　1）文字スタンプやスタンプに含まれる"OK"や"Thank you"

など、話題の終了や全体構造としての終結を共同構築するためのものが多い。これは、参加者が会話の共同構築を志向し、スタンプが参加の組織化のリソースとして機能していることを示している。

2)「スタンプと述語（言葉）と記号」という共通の構造を踏襲することを通して、参加の組織化を担う（例8）。

3) スタンプを使うか、言葉だけで応じるかの使い分けによって、どの発話への応答か、どの話題に対する発話か、自分が参加資格のあるメンバーであるかを視覚的に伝えたり確認し合ったりしている（例9）。

4) 自然会話におけるターンテイキングでは、「沈黙」が次の応答に反映する。それは、文字起こしデータに記載された沈黙を表す（ ）内の数値によって視覚的に確認できる。一方、LINEを用いたインタラクションにおいては、視覚的にも「沈黙」を表わすことができないという「ビジュアルターンテイキング」といえる秩序にそった会話が共同構築されている（例9）。

　また、今回は詳しく示すことができなかったが、着信順に発話が並ぶため、オーバーラップやリエゾンが視覚的には起こらない。そのため、隣接ペアなどの秩序が崩れる場合も多い。そこで起こる会話の秩序の乱れをスタンプの多様な形での利用を通して、どの発話が誰に対しての発話なのかを伝えることも可能にしていた。

　以上のように、参加者がLINEのスタンプを、会話の秩序の維持と相互行為の組織化のリソースとして利用し合い、「沈黙」や「オーバーラップ」を「視覚的にないもの」として捉え、会話の秩序が維持されるという、自然会話とは異なる「ビジュアルコミュニケーション」の諸相の一端が明らかになった。同時に、LINEという新しい場面性をもったメディアを通した相互行為においても、隣接ペアの維持やターンテイキングシステム、串田（2006）が示した形式的構造の利用など、対面会話や電話会話における会話の共同構築の秩序と参加の組織化の方法が見出せることを示した。自然会

話において「人々の方法」があるのと同様に、時間的にも空間的にも距離があるLINEの複雑なやりとりにおいても「メディアを用いたコミュニケーションの方法」があることを示している。

6. 今後の課題

今後更に詳しく「ビジュアルコミュニケーション」における参加の組織化のあり方を探って行く上で、検討するべき課題を以下にまとめる。

(1) ローカルとグローバルな全体構造との関係

今回は、紙幅の都合上、メッセージのやりとりにおける秩序を、シークエンスを詳しく提示ながら十分に分析することはできなかった。今後、ローカルな視覚と言葉というマルチモードの要素の配置と、グローバルな視点でのメッセージの組織化の関係性を詳しく検討したい。例えば、複数の参加者による進行中のLINEではじめて発言する場合、どのような制約があり、その拘束をふまえてどのようにその場に溶け込む方法で参加し、メッセージのやりとりにおける秩序が維持されるのかを観察したい。その際、どのように複数のトピックが始まり収束していくのか、スタンプや言葉がどのように配置されるかを分析する必要がある。

(2) 参加者が2人と3人以上の違い

会話の終結にはスタンプが使われることが多い。今回は、複数参加者のLINEを分析したが、2人と3人以上の場合と比べると、3人以上の方がスタンプのやりとりであっても終結未完了のものが多い。それはなぜなのか、2人のLINEの分析も行い、2人と3人以上の違いについて、対面の3人会話研究の知見を活かし、参加の組織化の点から考察したい。

(3) 「ビジュアルグラマー」「メディアの文法」からの考察

吹き出しの丁寧体と普通体の使い分けを見ることで、目上か目下など誰に宛てた発話かを示している例もあった。教室談話では、丁寧体と普通体の使い分けという文体シフトが、自分が何者として参加しているのかを示す自己規定、他者を何者として捉えている

のかを示す他者規定を伝える役割を担っていた（岡本 1997）。一方、LINE では、視覚的に文体シフトを捉えることで、同様の自己規定や他者規定が伝えられているのかなど、「ビジュアルコミュニケーション」における「ビジュアルグラマー」（Kress and Leeuwen 1996）のあり方を考察することも可能だろう。また、表音文字と説明されているひらがなとカタカナも、ケータイやネット上のやりとり、広告などのビジュアルコミュニケーションにおいては、同じ単語でもひらがなとカタカナの使い分けによって「やわらかさ」「暖かさ」や「硬さ」「冷たさ」などの異なる意味が指標的に伝えられる（岡本 2008, 2012）*4。多様な文字シフト（岡本 2008, 2012）による指標的特性の理解や配置の方法についても、非対面のメディアの文法（松田 2014）の観点から、ビジュアルコミュニケーション能力の重要な一部として探求していく必要があると考える。

（4）マルチリテラシーズからの考察

　今回は視覚的要素としては、スタンプのみに注目したが、2 つ以上の話題が複数の参加者によって同時に維持されている場合、1 つの吹き出しの中で、改行やスペースを作ることで、どちらの話題に答えているか、誰に答えているかを伝えているようすが見られる。例えば、参加者 A が 1 つの意見を述べた直後に、別の質問をする参加者 B がいた場合、C は同じ吹き出しの中で、最初の A の意見に対するコメントを述べた後、1 行空けて、B の質問に応えるという場面がしばしば見受けられる。ここでは、1 行空け（スペース）という「空間」とテキストとの相互作用を通して参加の組織化を行っているといえる。Kress and Leeuwen（1996）らは、言語だけでなく、絵、音楽、ジェスチャーなどの異なるモードによる意味の分析の必要性を強調している。マルチリテラシーズの必要性を提案している英語教育研究集団 The New London Group（2000）は、このような複数の異なるモードが伝える意味に着目し、これらの異なるモードの組み合わせをデザインし意味を創り出す領域として「言語」「視覚」「音声」「身体」「空間」の 5 つのデザインをあげている。LINE の吹き出しに配置される改行や 1 行空けは、この複数の意味

構築の要素の１つである「空間」を視覚的な参加のリソースとして互いに見える形で示し、利用しているといえる。更に、「空間」と同様にマルチモーダルな意味構築要素としての「身体」「音声」などについても見てみると、スタンプの人物や動物の向きや姿勢などの身体性、文字の大きさや「！」などから視覚的に伝わる「音声」などが共同利用されている可能性がある。それらがどのような指標的特性を担い、参加の組織化の装置として利用されているのか、ビジュアルコミュニケーションの観点から探っていきたい。

（5）参与の枠組み／産出フォーマット／フッティング」の観点から

Goffman（1981）は参与の枠組みや産出フォーマットという概念を用いて聞き手や話し手の発話における地位や役割を説明している。例えばLINE上での発言においても、「フィギュア」としての他者の発話の引用や「傍観者」の表示などを、参加者によるスタンプ選択のほかに、どのような工夫をして表現しているのかも検討できよう。さらに、相手との関係性、つまり「フッティング」の変化がLINE上でどう表れているのかを探求することも意義深い。

（6）母語話者のみと母語話者と非母語話者の接触場面との比較

今回考察したデータは、母語話者同士のLINEだったが、留学生と日本人学生のLINEを見てみると、通常の対面では、発音面や文法的な誤用などで、うまく言いたいことが伝わりにくかったり、ターンを取りにくい留学生でも、文字が少なくスタンプだけでもやりとりできること、ターンをとるのに重なりがないことや、応答までに要する時間に寛容である点、また視覚的に内容を確認できることなどからか、LINEのビジュアルシークエンス上では、誤用も少なく、大変スムーズにターンをとり、発話している印象を受ける。ただ、これまでの研究からは、非母語話者がローカルな連鎖より全体構造への対応が困難である点が報告されている（岡本・吉野1997）。その点、LINEではどうかを確認したい。

（7）日本語教育実践に向けて

マルチリテラシーズの教育学において、空間的な位置が伝える意味には、マジョリティー側の世界観や価値観、つまり文化的指標性が埋め込まれていることが指摘されている（Cope and Kalantzis

2000, Kress 2003, Kress and Leeuwen 1996）。その点から、とりわけ絵や漫画、映像などの視覚的要素を多く使用する初級レベルや外国につながる児童への日本語教育現場において、そのつどに埋め込まれたビジュアルコミュニケーション上の文化的指標性を明らかにすることの重要性が示唆される。今後、このようなマルチリテラシーズの教育学の知見を日本語教育実践につなげる方法も合わせて、考えていきたい。

謝辞：本研究のデータ提供については筆者らの学生たちに、またデータ画面加工には後藤瑠梨子さん、堀畑奈那さんから多くの協力を得た。記して感謝を伝えたい。

---

*1　人気の高い 10 位までのスタンプは平均で 2 億 2300 万円の売上高があり、その 35％ が作者に入るため、スタンプ長者が続々と誕生したという（日経新聞 2016 年 7 月 28 日）。
*2　「既読」表示は、送信者には受信者が読んでくれたかを確認できる便利な機能だが、受信者にとっては、読んでいるのに返信しない「既読スルー」などと言われ、いじめの原因にもなっている。そのため、最近では、既読を表示しないようにしてメッセージを読む方法がネット上で紹介されている。
*3　串田があげている 6 つ目の使用法は、「(6) ある単位の途中で中断したり、テンポを変えたりすること」である。LINE は文字コミュニケーションであるため、実際には割込みや重なりがあっても、それらは画面上には現われない。テンポの変更も同様であるため、今回は除いた。
*4　佐藤（2015）では、日本語の文字が与える「硬さ」「やわらかさ」の印象について論じられていて興味深い。

参考文献

Cope, Bill and Kalantzis, Mary (2000) *Multiliteracies: Literacy Learning and the Design of Social Futures*, NY: Routledge.
Goffman, Erving (1981) *Forms of Talk*. Philadelphia: University of Pennsylvania Press.
服部圭子（2008）「産出フォーマット（production format）」林宅男編著『談話分析のアプローチ―理論と実践』 研究社，pp.219–221
Kress, Gunther and van Leeuwen, Theo (eds.)(1996) *Reading Images: The*

　　　　Grammar of Visual Design, NY: Routledge.
Kress, Gunther (2003) *Literacy in the New Media Age*, NY: Routledge.
串田秀也（2006）『相互行為秩序と会話分析』世界思想社
松田結貴（2014）「メディアの文法－ヴォイスとアイデンティティの構築─英語圏の日本語学習者の視点から」『ことばと文字1』くろしお出版，pp.28–37.
岡本能里子（1990）「電話会話による会話終結の研究」『日本語教育』第72号　日本語教育学会，pp.145–159.
岡本能里子（1997）「教室における文体シフトの指標的機能─丁寧体と普通体の使い分け」『日本語学』第16号，明治書院，pp.39–51.
岡本能里子（1998）「しゃべる−チャットのコミューケーション空間『現代のエスプリ』第370号，至文堂，pp.127–137.
岡本能里子（2008）「日本語のビジュアルグラマーを読み解く─新聞のスポーツ誌面のレイアウト分析を通して─」岡本能里子・佐藤彰・竹野谷みゆき『メディアとことば3』ひつじ書房，pp.26–55.
岡本能里子（2012）「コミュニケーション能力をこえる『能力』とは─マルチリテラシーズにおけるデザイン概念から考える─」片岡邦好・池田佳子編著『コミュニケーション能力の諸相』ひつじ書房，pp.273–297.
岡本能里子（2016）「雑談のビジュアルコミュニケーション─LINEチャットの分析を通して」村田和代・井出里咲子編著『雑談の美学』ひつじ書房，pp.213–236.
岡本能里子・吉野文（1997）「電話会話における談話管理─日本語母語話者と日本語非母語話者の相互行為の比較分析」『世界の日本語教育』第7号，国際交流基金，日本語国際センター，pp.45–60.
佐藤栄作（2015）「文字から来る「硬軟」の印象」『日本語学：特集ことばの硬さ／やわらかさ』第34巻1号，明治書院，pp.46-57.
Schegloff, Emanuel A. and Sacks, Harvey (1973) *Opening up closings*, *Semiotica*, 8(4), 289–327.
『週刊ダイヤモンド：LINE全解明』2014年4月19日号，ダイヤモンド社
The New London Group (2000) A pedagogy of multiliteracies designing　social futures. In Cope, Bill and Kalantzis, Marry (eds.) *Multiliteracies—Literacy Learning and the Design of Social Futures*, pp.9–37. London: Routledge.
吉野太一郎（2014）「THE HUFFINGTON POSTからーオピニオン面　ディネクスト代表取締役　安達裕哉」『朝日新聞埼玉版』朝刊 2014.2.19, p.18
篠健一郎，稲田清英（2014）「5億人突破のLINE、実際の利用者は1.7億人」『朝日新聞DIGITAL』
　　　　<http://www.asahi.com/articles/ASGB95KK2GB9ULFA020.html> 2015.2.28
『日本経済新聞　電子版』2017年1月16日 <www.nikkei.com/article/DGXKZO/1655850T10C17A1X11000/?dg=2>2017.4.10

第7章
日本語教育におけるピア・ラーニングの意義と課題
メタ・エスノグラフィーによる質的研究の統合

義永美央子

1. はじめに

　個体主義から構成主義へという学習観の転換に伴って、教育―学習の実践にも大きな変化が生まれつつある（石黒1998、ガーゲン2004）。それは端的にいえば、「知っている」教師から「知らない」学習者に知識を転移するのではなく、教師と学習者、あるいは学習者同士の協働を通じて学習者が主体的に知識を構成・発見・生成する形での学習活動への注目を指す。

　本稿の筆者が従事する日本語教育の分野でも、仲間とともに学ぶピア・ラーニング（peer learning）の可能性が、理論と実践の両面で多く議論されている（永見2005、池田・舘岡2007など）。ピア・ラーニングでは仲間との相互行為が活発に行われ、それを母胎とした言語に関する能力や人間性の向上が期待されている。ただし、多くの実践報告・実践研究が行われている一方、それらは（当然のことではあるが）個々の現場の文脈に基づいて記述されており、それらの蓄積を統合させる取組みはまだ非常に少ない。そこで本稿では、メタ・エスノグラフィーの手法を用いて、日本語教育の文脈で行われたピア・ラーニング研究を収集・整理・分析する。それによって現在のピア・ラーニング研究の知見を明確にするとともに、今後の方向性を検討することが本稿の目的である。

2. 分析の枠組み

2.1　メタ・エスノグラフィー
　研究の蓄積とともに、研究ごとの知見を統合し、包括的で新しい解釈や洞察を示すことの重要性が認識されている[*1]。量的研

究の場合、こうした研究はメタ分析（meta-analysis）と呼ばれる。メタ分析では、先行研究で報告されたデータ（サンプルサイズ、平均値、標準偏差、結果に影響しそうな被調査者の特性など）を抽出し、コーディングした上で、それらの情報を統計的に統合し、分析と解釈を行う（Cooper 1989, 本田・岩田・義永・渡部 2014）。一方、質的研究においてもメタスタディ（meta-study: Paterson, Thorne, Canam, and Jillings 2001）、メタシンセシス（meta-synthesis: Beck 2011）、質的研究統合（qualitative research synthesis：Sandelowski and Barroso 2007）などの名前で研究が発表されつつある。これらはいずれも、研究の理論、方法、知見についての分析と、現象に関する新しい洞察とを含んだ研究手法を採用している*2。

　本研究が分析の枠組みとするメタ・エスノグラフィー（meta-ethnography）も、質的研究の再解釈・統合を行うための1つの手法である。Noblit and Hare（1988）は、文化人類学において発展してきたフィールド調査の成果を統合する1つの方法として、メタ・エスノグラフィーを提唱した。メタ・エスノグラフィーの手法が用いられる目的は、1）より解釈的な文献レビュー、2）事象・状況など複数の説明の批判的検証、3）事例研究の体系的な比較から事例間に共通した結論を導く、4）他者の成果と比較しながら自らの研究について説明する方法の提示、5）エスノグラフィー研究の統合、の5つにまとめられる（Noblit and Hare 1988: 13）。また、その認識論的な特徴として、実証主義のパラダイムではなく、解釈主義パラダイムにたつことがあげられる。Noblit and Hare（1988: 25）は「我々にとって、メタ・エスノグラフィーのメタはメタ分析（meta-analysis）とは異なる意味がある。これは、一般化というよりもむしろ、質的研究相互の翻訳（translation）なのである。解釈的な説明の特徴を利用して、エスノグラフィーやその他の質的解釈的な研究の統合を導くために用いられるのがメタ・エスノグラフィーである」（訳は筆者）と述べており、メタ・エスノグラフィーが目指す「統合」は一般的・普遍的な方向性の提示というよりも、一次研究ごとに散在する知見を再解釈し、知見と知見の関係

性を発見していくことにあると理解すべきであろう。

　またNoblit and Hare（1988: 26–29）は、メタ・エスノグラフィーのアプローチとして以下の7つの段階をあげている。
1）関心の対象となる（統合のための努力に値する）現象を決定する。
2）当初の関心に関連する研究のうち、どれを統合に含めるか決定する。
3）研究を読む。
4）研究が互いにどのように関係しているのかを決定する。
5）研究の鍵となる概念やメタファーを相互に翻訳する。
6）翻訳を統合する。
7）統合の結果を表現する。

　これらの段階を経て、メタ・エスノグラフィーによる一次研究の解釈と統合が可能になるのである。なお、研究の相互関係については、1）相互的統合（reciprocal synthesis）、2）対立的統合（refutation synthesis）、3）一連の議論としての統合（lines-of-argument）という3つの仮説が示されている。相互的統合とは、説明が直接的に比較でき、相互的に解釈できる状態のことである。一方、対立的統合とは、説明が互いに反対関係にあり反駁的に解釈できる状態、一連の議論としての統合とは、研究者が現象の多様な側面を研究し、一群の質的研究が表現していることについて議論を組み立てることができる状態をさす（谷津・濱田2012: 図1も参照）。

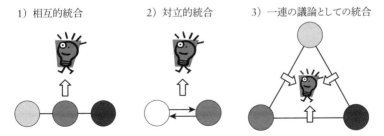

図1　Noblit and Hare（1988）のメタ・エスノグラフィーにおける研究の相互関係に関する3つの仮説（図は谷津・濱田（2012）による（一部改））

2.2　ピア・ラーニング

　近年、学習を他者や環境との相互行為の中で行われる活動とみなす学習観が普及するとともに、教師が一方的に情報を与えるのではなく、仲間との相互行為を通じて学びあう過程の重要性が指摘されるようになってきた。こうしたフォーマル、インフォーマルの両方の方法によって仲間が共に学び、またお互いから学び合う活動（Riese, Samara, and Lillejord 2012）は、ピア・ラーニング（peer learning）と呼ばれている。Johnson, et al. (1991) はピア・ラーニングの5つの基本要素として、1) 互恵的な相互依存性、2) 対面的で促進的な相互行為、3) 個人としての責任、4) 社会的スキルや小グループ運営スキル、5) 協同活動評価（振り返り）、をあげている。ピア・ラーニングの理論的根拠としては、ヴィゴツキーの最近接発達領域（ZPD：ヴィゴツキー2001）が指摘される。すなわち、学習者が自力で解決できる課題の水準と、教師や仲間との協働を通じて解決できる課題の水準には隔たりがあり、協働の中で生じる相互行為が発達の足場かけ（スキャフォールディング・scaffolding）となりうるという考え方である。仲間と共に学ぶ活動は協働学習・協同学習などと呼ばれることもあるが、本稿ではこれらを総称するものとしてピア・ラーニングという用語を用いる。

　ピア・ラーニングは、学校教育の枠内のみならず、第二言語の教育や学習にかかわる分野でも注目を集めている。日本語教育においては、作文におけるピア・レスポンス（池田1999、広瀬2004、岩田・小笠2007、原田2006, 2008、中井2015a）をはじめとして、読解におけるピア・リーディング（舘岡2005）、文型学習におけるピア・ラーニング（洪2008a, b）、発音ピアモニタリング活動（房2008）、ピア・リスニング（横山他2009、中井2015b）、ピア内省（金2005, 2008）など、さまざまな活動でのピア・ラーニングが報告されている。このように、日本語教育の分野でもピア・ラーニング研究にはかなりの蓄積があり、学習者の意識の面でも、言語スキルの獲得という面でも、新しい教育・学習方法としてのピア・ラーニングの可能性が指摘されている。ただし、多くの研究は個々の現場における実践とその結果の報告にとどまっており、日本語教育に

おけるピア・ラーニングで実際にどのような相互行為が行われ、学習者たちがどのような関係性を築いているのか、ピア・ラーニングの現場で教師がどのような役割を果たしているのか、について包括的な議論を行うものは少ない*3。そこで、本稿では2.1で述べたメタ・エスノグラフィーを用いて日本語教育におけるピア・ラーニング研究の知見を統合し、日本語教育におけるピア・ラーニングの意義と課題について検討を行いたい。

なお、本稿と同じく、メタ・エスノグラフィーの手法によってピア・ラーニングを分析した研究にRiese, Samara, and Lillejord（2012）がある。Rieseらはピア・ラーニングを対象とした7つの質的研究を解釈的に統合し、ピア・ラーニングの活動は、媒介手段に依存する、信頼と安全な社会関係を必要とする、不同意を許容する、という3つの点で顕著に特徴づけられるコミュニカティブな過程であると主張している。また、ピア・ラーニングは行為者がさまざまな利用可能な文化的道具を用いて行う「ガイドされた相互行為（guided interaction）」であり、インストラクションのデザインに加えて、関与する行為者の相互依存性が特徴的であることも指摘している。ただし、Riese, Samara, and Lillejord（2012）は分析対象とした一次研究の学習者や科目の相違が非常に大きく、学習者の年代では小学生から大学院生まで、科目も音楽、語学、科学と多岐に分かれている。おそらく、あえて対象者や科目を広げることで、それらを超えたピア・ラーニングの特性を描き出そうとしたのだろうと推測されるが、小学生と大学院生では、知性や社会性の発達には当然大きな相違が存在する。また、科目によって期待される活動の内容が異なることも十分考えられ、実際にこうした差を捨象して知見の統合・再解釈が可能かどうか疑問もある。そこで本研究では、分析対象とする研究を大学生以上の成人を対象として行われた第二言語としての日本語教育でのピア・ラーニングを扱ったものに限定し、その中での知見の統合を目指すものとする。

3. 調査方法

3.1 研究課題

本稿は、メタ・エスノグラフィーの手法を用いて、成人対象の第二言語としての日本語教育で行われたピア・ラーニングの一次研究を分析し、その知見を再解釈・統合する。本研究と同様に、メタ・エスノグラフィーを用いて初等・高等教育におけるピア・ラーニングを分析した Riese, Samara, Lillejord（2012）は、

- 先行研究で描かれたピア・ラーニングの相互行為の最も際立った特徴は何か。
- ピアの関係は、ピア・ラーニングの相互行為にどのように貢献すると記述されているか。

の2点を研究課題としていた。本研究でもこの2点を踏襲するとともに、ピア・ラーニングが行われる教室の重要な参与者として教師に着目し、

- ピア・ラーニングの遂行において教師はどのような役割を果たすか。

を3つ目の研究課題とする。

3.2 対象論文の選定

分析対象となる一次研究を選定するため、まず、「日本語教育」「ピア・ラーニング」「協同学習」「協働学習」をキーワードとして CiNii（国立情報学研究所：NII論文情報ナビゲータ（http://ci.nii.ac.jp/））と Google Scholar（http://scholar.google.co.jp/schhp?hl=ja）、国立国語研究所の日本語研究・日本語教育文献データベース（http://www.ninjal.ac.jp/database/bunken/）で文献検索を行った。また、所属大学の図書館等で実際に配架されている図書を確認し、上記データベースにあがっていない文献（書籍に所収されている論文等）がないか探索した。これらの作業は2012年10月から2016年7月にかけて、数回に分けて実施した。次に、これらの検索で候補とされた文献の中から以下のような特徴をもつ文献を除き、稿末の資料に示す18本の論文と書籍2冊を選定した。

- 年少者を対象としたもの
- 異文化理解やアドバイジングを主なテーマとしたもの
- 教室内の相互行為または参与者の語りの実例が提示されていないもの
- 授業の活動過程の報告にとどまり、分析や考察が行われていない、または非常に少ないもの
- 量的分析の比重が高く、相互行為データの質的な分析が行われていない、または非常に少ないもの
- ネット上のやりとりなど、対面的ではない相互行為を扱っているもの
- 学会予稿集など口頭発表の要旨・概要を文書化したもの

3.3　分析

　3.1と3.2で示した手順は、メタ・エスノグラフィーの7つの段階（2.1参照）の1）関心の対象となる（統合のための努力に値する）現象を決定する、および、2）当初の関心に関連する研究のうち、どれを統合に含めるか決定する、にあたる。続いての分析の手順は、
　3）研究を読む。
　4）研究が互いにどのように関係しているのかを決定する。
　5）研究の鍵となる概念やメタファーを相互に翻訳する。
　6）翻訳を統合する。
　7）統合の結果を表現する。
となる。具体的には、3.2の手順で選定された対象となる一次研究を読み、鍵となるメタファーやテーマ、概念を同定し、研究間で相互に言い換えられないかを検討する（相互的統合）。鍵となるメタファーやテーマ、概念を同定して相互に矛盾が発見された場合は、その理由を検討し、矛盾の説明を試みる（対立的統合）。さらに、対象となる研究を横断する説明を見つけ、類似概念を描き出す（一連の議論としての統合）。

4. ピア・ラーニングにおける相互行為のメタ分析

4.1 ピア・ラーニングの相互行為の最も際立った特徴は何か

ピア・ラーニングの相互行為で最も特徴的であるといえるのは、参与者間でさまざまな「交渉」が行われていることであろう。分析対象となる研究の記述を分析した結果、ピア・ラーニングの相互行為では、相互行為の管理に関する交渉、言語形式と意味に関する交渉、参加の様相や参加者間の関係に関する交渉、の3つが行われていることが明らかになった。以下、これらについて順に検討していく。

(1) 相互行為の管理に関する交渉

ピア・ラーニングの参加者たちは、従事する活動やタスクをどのように進行させるかについて交渉を行うことがある。洪(2008b: 233)は、Bennett and Dunne(1988)をひきながら、ピア・ラーニングにおける学習者同士の話し合いを「言語問題の話(on-task talk)」「タスクに関する話(about-task talk)」「タスクに関連のない話(off-task talk)」の3つに分類し、「タスクに関する話」について「与えられたタスクをどのように行えばいいかというタスク課題やタスク活動を理解するために行われる話し合い」と説明している。池田(1999)の「話し合いの促進の機能」、岩田・小笠(2007)の「やり取りの流れの管理」「話し合い活動の促進」「メタ的発話」、原田(2006)の「進行」、房(2008)の「練習を促す」「発言を促す」という機能に関する記述も、同様の交渉を指すものと考えられる。例1は話し合いの促進の機能をもつ発話の例である(池田1999: 39)。学習者1の冗談が学習者2にうまく伝わらず、⑤で学習者1はこの話題を終わらせて次の話題への移行を促している。学習者2もこれに同意し、⑨では学習者1から次の話題提示が行われた[*4]。

【例1】池田（1999: 39）
① 学習者1： 自慢しないでやりましょう．（笑い）
② 学習者2： え？
③ 学習者1： 自慢しないで，さっきの自慢する
④ 学習者2： うん，うんうん
⑤ 学習者1： 違う？　OKでも，つづいてやりましょうか．
⑥ 学習者2： はい。がんばりましょう．（笑い）
⑦ 学習者1： OK，もっと早くやりましょう．
⑧ 学習者2： どうぞ。
⑨ 学習者1： 「糸クズを見て親切，ご親切」

(2) 言語形式と意味に関する交渉

　相互行為そのものの管理の他、参加者は言語形式と意味に関する交渉にも従事している。この交渉には、言語形式の理解や使用に関する交渉と、意味内容に関する交渉とが含まれており、今回分析対象とした全ての研究がこれらの交渉に言及していた。言語形式の理解と使用に関する交渉とは、仲間（ピア）との相互行為の中で文法や語彙など、日本語の規則や適切な使用方法について知っていることを共有する過程を指す。例2は、CF2が書いた作文についてのピア・レスポンスにおける相互行為の抜粋である（大島2009）。JM2は、CF2が書いた冷凍食品の利点の論拠について質問と反論を行う中で、「フレッシュな5)」という語を使用した。この「フレッシュな」をCF2は6)および8)で自らの発話として用いており、新しい語の提示とその取り入れ（アップテイク）が行われている。

【例2】大島（2009: 19）＊5
1) JM2（笑い）　じゃあ，じゃあ一質問していい？
2) CF2　うん一質問して。反論，なるべく反論一お願い
3) JM2　反論，反論，いきますよー
4) CF2　うん
5) JM2　あの，じゃあー今，CF2さんのーこのプリントだとーその冷凍食品のー安全性が，あんまり，まだ具体的に書いていない。データがな

い。例えばーそのー必ずフレッシュじゃない製品に比べて，違う物，入ってるわけでしょー

ただ，[凍らすだけじゃない(**反論の中で示された語の選択肢**)

6) CF2　　　[かー　　　　**それはもちろん，えーえむかなー？冷凍食，冷凍食品はー実はなんかーなんかー新鮮フレッシュなーなー*食品は取ってからー，なんかー生産地から取ってー，すぐー，なんかーなんか零ー？なんか零下？零下18度以下にーあのなんかーきゅ，きゅ，なんか，急速冷凍してー[あとはーこのー影響，影響的にはー多分フレッシュなー製品より，もっといいかなと思って(**語の選択肢のアップテイク**)

7) JM2　　　　　　　　　　　　　　　[うん

8) CF2　だってーフレッシュなー製品はー生産地から取ってーあとーあとー，なんか**のようなーちゅう，なんかーちゅう，ちゅうたんのー*だんのところにかえて，あとー小売かい，あとーなんか(**語の選択肢のアップテイク**)

9) JM2　だからー　おろ[しうりから(**相手の発話への支援としての語の提示**)

10) CF2　　　　　　　[おろしかいから，小売から。そ，そ，そう。そういうー流れがあったーもーなんか，栄養要素はどんどん無くなってしまって，だから，[あと，冷凍食品の方が栄養が**く*かもしれない(**不完全なアップテイク**)

11) JM2　　　　　　　　[うんうん。確かにそれは，あるかもしれない。そうだよねー。たとえば，その鮮度が落ちてきたら当然，その細菌とかも多くなってくるわけだからーってことだよねー(**解釈の中で示された関連表現**)

　次に、意味内容に関する交渉とは、語られる発話の意味そのものを協働的に構築する過程を指す。寅丸（2013b）はことばの意味には、記号と対象との指示的関係に基づく「記号的意味」と、個人のアイデンティティに深く根ざした「存在的意味」があるとして、「ことばは、その中核に記号的意味を形成すると同時に、存在的意味を発見することによって再構築される」（p.4）と述べている。以下の例3は記号的意味、例4は存在的意味が（再）構築されている

例である。例3において、教師（T）は学習者（J）のレポートに書かれた「道徳観」ということばからTとJの間の意味世界のずれを自覚し、「私はこの文脈では「価値観」が妥当であると思うが、あなたは「道徳観」だと思うのか」という確認要求を行った。この確認要求とその後の他の教室参加者とのやりとりを通じて、Jは自身の意味世界を問い直し、「価値観」ということばの存在的意味にまで思考を深め、自己の「価値観」という文脈で自分自身の人生観を語り始めている（例4）。

【例3】寅丸（2013b: 10）
29T：道徳ですか？＜確認要求＞何を大切に考えるとかっていうことに関しては、価値観というふうに考えられるんですけど、今、ジェイさんの言っているのは道徳観のことですか？＜確認要求＞
30J：道徳観？＜聞き返し＞
31T：道徳という言葉でいいんでしょうか？＜確認要求＞
32J：えーと、うーん、まあ、確か、社会は道徳観を持ったけど、でも、たぶん、人によって、家族が一番大切とか、えーと、社会に住むことが一番大切とか、あのー、仕事が一番大切とか。

【例4】寅丸（2013b: 13）
289J：でも、人間を定義したら、私の価値観が現れるんじゃないかなあと思って。＜見解表明＞ばれるんじゃないかなあと思って。＜見解表明＞なんか、人の定義によって価値観が出るんじゃない？＜同意要求＞（略）命の進化は私の価値観を使って、こういうふうに定義しているから、あのー、心の安らぎと生き甲斐は関係があるから、私は生き甲斐は心の安らぎと思っているから、そういう価値観です。＜説明提示＞

　言語形式と意味内容に関する交渉において、学習者は自らの当該時点での知識や考えを表明する。それに対して相手（ピア）から直接・間接に参与者間の意味世界のズレを指摘されるとともに、改善へのアドバイス、あるいは問題解決へのヒントを受けとる。ピアからの働きかけをスキャフォールディングとして、学習者は自らの知

識や考えを改めて意識化するとともに、それらをより深めたり高めたりすることができるようになる。さらには、「問題解決に向けて、だれの考えなのか、読み手（あるいは書き手）の発言なのかどうかの区別も混然となってくる」（原田 2006: 69）ような、間主観的な思考の構築が可能になっていく。「情報の共有化・ズレの発見・個人の課題への焦点化」（金 2008）、「引き出し・突き合わせ・突き戻しを通じた課題の共有化と個人化」（牛窪 2005）、「他者との接点の発見・協働を通じた固有性の発見」（市嶋 2005）のように用いる用語は異なるものの、これらの研究が指摘するのは、上述のような交渉の過程であると考えられる。

(3) 参加の様相や参加者間の関係に関する交渉

　上記（2）の「言語形式と意味に関する交渉」で述べた言語と意味に関する交渉において、知識や思考が協働的に構築され、それによって参与者一人一人の思考がより深化していくことは、ピア・ラーニングの大きな意義だといえる。その反面、相手の意見や発話に批判やコメントを与えることは、たとえそれが建設的な意図で行われたものであったとしても、相手のフェイスを脅かす可能性を孕んでいる。そのため、ピア・ラーニングにおける発話はしばしば「〜かな」「〜かもしれない」といった断定を避ける和らげ表現（ヘッジ : hedge）を伴うことが報告されている。例えば「発話緩和機能」（池田 1999）、「話し合いの緩和」（岩田・小笠 2007）がこれにあたる。

　また、知識や思考の協働構築を可能にする交渉は、ピアと共にいればすぐに達成されるものではない。寅丸（2013b）は、学習者の１人が書いた「中国の悪魔化」という表現が他の参加者に動揺や緊張感をもたらしたものの、確認要求によって真意を問う相互行為を丁寧に行うことを通じて、学習者の自己内対話が促され、真意を伝えるに至った事例を紹介している。一方、こうした交渉が促進されず、交渉自体が不活発、または表面的な指摘や内容と無関係のやりとりに終始した事例の特徴として、事前の準備不足（岩田・小笠 2007, 大島 2009, 房 2010）や使用するメタ認知ストラテジーの少

なさ（房2008）の他、学習者のスタンス（大島2009）、参加の対称性や相互性の不足（洪2008a, b）、あるいは「お互いの問題意識が同じ土俵に載り、そこからズレを発見するといったプロセスを経ることなく、各々の問題意識を羅列することに留まっている」（金2008: 125）のように、参加者の参加の様相や関係性のあり方に何らかの（研究者からみた）課題や問題性が観察されることが報告されている。また、横山他（2009）はピア・リスニングにおいて日本語の知識や推測の共有が行われ、異なる意見や質問への対応を通じて自らの推測を広げたり、解釈を精緻化したりすることができたペアがあった一方、ペアによっては互いが聞き取れた箇所をそれぞれ分業して記入するだけで、相互作用が生じなかったことを報告している。こうした参加の様相や関係性のあり方は、ピア・ラーニングが始まる前から固定的に存在するというよりは、相互行為の過程の中で漸進的に構築されていくものと考える方が適切であろう。この問題は、研究課題2の「ピアの関係は、ピア・ラーニングの相互行為にどのように貢献すると記述されているか」と大きく関連するため、節を改めて詳しく検討する。

4.2 ピアの関係はピア・ラーニングの相互行為にどのように貢献するか

　ピア・ラーニングの参与者は、「読み手と書き手」「アドバイスの与え手と受け手」「母語話者と非母語話者」のように、しばしば対照的な役割をもつ関係にあり、こうした役割関係が相互行為のあり方に影響を与えることがある。例えば、日本語能力に差がある二者間のピア・レスポンスを分析した原田（2006）は、書き手よりも読み手の日本語能力が高い場合、読み手が話し合いの進行を図り、アドバイスの与え手としての役割を担う一方で、書き手は読み手と比較して発話量が少なく、「確認を求める」「同意する」など受身的な反応を示すという、読み手主導型のやり取りが観察されることを報告している。これに対し、母語話者と非母語話者のピア・レスポンスを分析した岩田・小笠（2007: 65）は、テキストにある語彙等をリソースとして用いることで、日本語能力が相対的に低い非母語

話者であっても、母語話者と主導権を共有し、現実の課題のもとに対等な立場でやり取りを展開することが可能であると述べている。上述の原田（2006）も、活動の積み重ねによって、日本語能力に差がある参与者の間に対等で相互主体的に活動に取り組む姿勢が生まれることを指摘しており、ピア・ラーニングの実施前・実施当初にみられる関係性は必ずしも固定的なものではなく、媒介手段の利用や、相互行為の進行にともなって、柔軟に変化すると考えられる。寅丸（2013a）は協働でレポートを執筆するクラスの学習者1名に注目し、この学習者が「観察者」「情報提供者」「応答者」「質問者」「説得者」「助言者」という役割を経ながら「信頼できる他者」と「興味のあること」について話し合う活動に参加することで、日本語に対する劣等感という自己認識と、劣等感に起因する他者への偏見という他者認識を変容させた例を紹介している。

　具体的な相互行為の中で構築される参与者の関係性について、洪（2008a, b）は初級～中級レベルの文法・文型学習のピア活動を対象に、「対称性」と「相互性」を軸とした分析を行っている。ここでの対称性とは「相手の学習者と対話を通して、相互作用しながら構築する、タスク解決へのコントロール度の対称性」（洪 2008a: 103）を指す。洪（2008a）は、発話の確信度や応答方法の明確さ、そして先行ターンとの関連性を基に、相互作用における各発話の課題解決へのコントロール度（各参与者が課題解決への過程をどの程度コントロールしているか）をコード化している。さらに、ターンごとのコントロール度の平均を参与者間で比較し、その差が相対的に小さいペアを対称的、大きいペアを非対称的と分類している。また相互性とは「ある問題を解決するために双方の学習者により達成される貢献に対して、それぞれの学習者がどのような関わりを持っているか」を指す（洪 2008b: 229）。洪（2008b）によると、学習者たちが互いの解決に関わりあいながら、最後まで共に問題を解決したエピソードには、1）両方の学習者ともに、最後まで解決に挑戦する、2）疑問は口頭で表現し、それについて相手は必ず応答する、3）発話する過程で自らの気づきが起こる場合が多い、4）解決に至ると、両方の学習者がその結果に納得する様子が見られる、

5) 問題を解決するために、教科書や辞書を積極的に探したり、教師やアシスタントに質問したりする、といった特徴があるという。反対に、参与者の少なくとも一方が途中で解決をあきらめる、自分の意見だけを強く主張する、自分の取り組む問題解決にだけ集中する、同じ箇所に注目していても各自が別々に解決に取り組む、辞書や教科書ではなく自分の感覚のみに頼って問題解決をはかろうとする、といった特徴がみられる場合、学習者同士の関わりあいが崩れ相互性に問題が生じる傾向がある。洪（2008a, b）では、分析対象となったグループの半数以上で対称性や相互性に問題が生じ、学習者同士の学び合いが円滑に行われなかったという。作文におけるピア・レスポンスやピア・リーディングを分析している研究と比べて、洪（2008a, b）で非対称的または非相互的な参加の様相を示すペアが多く報告されているのはなぜかについては、5節の考察で改めて検討する。

4.3 ピア・ラーニングにおける教師の役割

　今回の分析対象の諸研究の中で、教師の果たすべき役割に明示的に言及していたのは14本であった。これらの研究では、「事前ガイダンスでPR（ピア・レスポンス：筆者注）の手順を明確に示す・テキストの記述や語彙をよりどころにして「メタ的言語」の使用を促し、自ら活動を管理しつつ、相手の理解の確認、自分の意図の説明等、読み手の立場に立った説明を意識することを強調する」（岩田・小笠 2007: 65）、「「ピア内省」での話し合いの目的が、日本語の産出結果の良し悪しを評価することにあるのではなく、異なる視点をもつ他者と話し合うことでより豊かな内省の機会を得るということにある点を十分に理解してもらう」（金 2008: 146–147）、「活動状況の観察、活動回数の調整」（房 2010）、「書く過程全体における段階別PR（ピア・レスポンス：筆者注）の課題設定」（大島 2009）、「話し合いの方向の調整」（広瀬 2004）のように、教師は教えるべき内容を伝える者というよりも活動のファシリテーター、コーディネーターとして描かれている。中井（2015a）はピア・レスポンスにおける教師の役割を「ピア・レスポンスにおける不安

要素を取り除く」「学習者の発言やインターアクションを支援する」「思考を言語化し、それを作文へ反映させることを促す」「推敲の手がかりを提示する」の４つにまとめており、調整者としての教師からの情意面も含めた支援が有効なスキャフォールディングとなりうる可能性に言及している。また牛窪（2005: 43）は、学習者の表現や考えに相互批判的な検証を加えるためには、日常生活よりも「強い」相互作用が必要であり、教室の中でそうした相互作用を作り出し、維持するところに、表現形式に調整を加えるファシリテーターを超えた教師の役割があると指摘している。ピア・ラーニング研究は一方的な教え込みの教育観＝学習観から、学習者が主体的に自らの学びを構成するという教育観＝学習観への転換を指摘しているが（舘岡 2005: 97, 舘岡 2007）、活動を促進したり、調整したり、維持したりする者という形での教師の役割の記述は、後者のような教育・学習観に基づくものといえる。

　個々の教室における活動の促進、調整、維持に加え、コース全体のデザインを行うのも教師の役割である。従来の教育・学習観におけるコースデザインとは、学習者のニーズやレディネスにあわせて、教えるべき項目を適切に配置することと考えられていた。これに対し、今回分析した研究におけるデザインとは活動が促進される場をつくることであり、その場を構成する何かと何かを「つなぐ」こととして記述されている。ここでの「何か」とは、1）学習者と学習者、2）活動と活動、3）過去と現在、4）日本語学習の総体的な過程と個別の学習活動としてのピア・ラーニング、に大別できる。

　学習者と学習者、および活動と活動は、主として教室に関するデザインである。教師は、「学習者の組み合わせ」（大島 2009）に留意しなければならないし、学習者間の相互行為が活性化しない場合には、「介入」（金 2008）を行う場合もある。また、ピア・ラーニングという活動はしばしば、学習者が自分一人で行う活動（セルフ内省：金 2008、個人学習・一人学習：房 2008, 2010、個人活動：洪 2009b、自己推敲：原田 2006）や、教師による個人指導（教師学習者カンファレンス：池田 1999）、クラス全体での活動（原田 2008）などと併置的にデザインされている*6。また市嶋（2005:

57）は、話し合いでは積極的に発言し、鋭い指摘が多々あったにもかかわらず、作文活動には今ひとつ乗り切れず、相互行為が産出物に反映された様子が見られなかった学生の事例を報告している。こうした学生については、（作文をもとに）話す活動と書く活動をどのようにつないでいくかが課題となる。

　また、ピア・ラーニングという活動は、教室での一斉学習や個人学習に慣れた学習者にとって新しい経験である。そのため、ピア・ラーニングを実施する前には、活動をどのように行うかの導入・説明が必要になるとされ、教師が演じるレスポンス場面のビデオ視聴（池田1999）や、実際の活動の様子を納めたビデオの視聴や、以前のクラスの学習者が書いた作文に基づく練習（広瀬2004, 原田2006, 2008)、「教師の講義を聞くのではなく、仲間と話し合いながら自分の発音上の問題を解決していく授業」であることの説明（房2010: 159）が行われている。こうした導入や説明は、学習者のこれまでの学習経験という過去と、ピア・ラーニングを行う現在をつなぐための手続きと考えられる。また、原田（2008）はピア・レスポンスの期間による活動プロセスや参加者の役割の変遷を縦断的に記述しているが、これはピア・ラーニング活動内の過去と現在をつなぐ試みといえる。

　さらに、教室でのピア・ラーニングは、学習者の日本語学習の総体的な過程とも関連している。中井（2015b）はピア・リスニングにおけるピアからの援助や道具（テクノロジー）の利用を通じ、学習者オートノミーが促進されていく過程を縦断的調査により明らかにしている。また、同じピア・リスニングを扱った横山他（2009: 88）は、学習者のグループインタビューの例をあげ、「重要なのは聴解の質か量か、日本語能力試験という「結果」重視にならざるを得ない聴解活動に今回の試み（ピア・リスニング：筆者注）が貢献できるかという究極の研究課題に学習者は言及している」と述べている。熱心な学習者ほど、自分なりの日本語学習の目標や課題を持っており、それにピア・ラーニングがプラスの影響を与えるかどうかを冷静に判断している。今・ここで行われるピア・ラーニングの実践を、学習者の日本語学習における目標達成の道筋に位置づけ

ていくことも、教師の役割の1つといえるのではないだろうか。

5. 成人を対象とした第二言語としての日本語教育におけるピア・ラーニングの意義と課題

　前節では、ピア・ラーニングにおける相互行為、参加者間の関係、教師の役割の3点からピア・ラーニングの先行研究の知見を再検討した。本節ではこれらの分析をもとに、成人を対象とした第二言語としての日本語教育におけるピア・ラーニングの意義と課題について考えてみたい。

　ピアとの相互行為において、学習者は言語形式および意味内容に関する交渉を行っている。池田（1999: 41）は「（ピア・レスポンスでは：筆者注）語彙の意味を、作文の文脈の中での意味理解に加え、話し合いの文脈の中でも再度交渉されることがある。また、文章中の語彙学習のみならず、インターアクションに使用された語彙についても意味の交渉過程が起きることがある」と述べている。相互行為の中で言葉の意味は何度も繰り返し交渉され、学習者は自らの知識や思考を言語化することが求められる。また、当初の教師側の予定にはなかった言葉についても、相互行為の中で即興的に交渉されることがしばしばある。こうして、ピア・ラーニングの相互行為では「認知過程の可視化」（舘岡2005）や、教師の想定を超えた学びが可能になるのである。Riese, Samara, Lillejord（2012）は、ピアグループにおける相互行為のプロセスは、循環的な過程の中で意味が形作られ、精緻化（refine）されていく連続的なサイクルとして記述できると述べているが、本稿で分析した日本語教育のピア・ラーニングでも、同様の過程が確認できたといえる。

　こうした交渉の存在については、対象となる研究の間で相互的統合が可能であったものの、「言語形式に関する交渉」「意味内容に関する交渉」のどちらを重視するかは研究によって相違がみられた。これはもちろん二項対立的に切り離せるものではないし、それぞれの研究がどのような活動に焦点を当てているか（例えばピア・レスポンスでは、学習者の考えを言語化する作文に焦点を当てるため、

内容に関する交渉の分析が多い）にも依拠するが、その背後には研究者自身の言語教育観があるように思われる。言語教育の実践において、言語は活動を通して獲得される目標であると同時に、言語を媒介として当該の活動が行われるという二重性を有している。舘岡（2007）は、ピア・ラーニングの目的として、作文や読解などの課題を遂行するという狭い意味での目的と、仲間と一緒に学ぶことによって人と人との社会的な関係を築くことを学び、さらには自分自身というものに気づき自分自身を発見していくという広い意味での目的があることを指摘している。前者の目的を重視する研究者は、獲得される目標としての言語に注目し、後者を重視する研究者は、言語を媒介として行われる活動やその内容に目が向きやすいといえるのではないだろうか。

　先の舘岡（2007）の指摘はさらに、自己の再認識や他者との関係性の構築を伴った人間教育としての効果への期待へとつなげられている。今回分析した研究の中では、ピアの間の対等で相互支援的な関係がうまく構築され、参加者それぞれの思考の深化を導いた事例が多く報告されており、ピア・ラーニングは人間教育としての可能性をもつものといえる。ただし、多くの研究は調査対象となった教室のすべての参加者の事例を挙げているわけではなく、最も典型的な（と研究者が判断した）形で互恵的な学習や関係性の構築が行われた事例を紹介している場合がしばしばある。4.1でも述べたように、参加者間の関係に何らかの課題がみられた事例の存在は指摘されているものの、その様相を具体的なデータをあげて分析した研究は非常に少ない。

　そんな中、洪（2008a, b）は初級レベルの文型学習におけるピア・ラーニングにおいて、過半数のペアで非対称的または非相互的な参加の様相が見られたことを報告している。洪（2008a, b）はピア・ラーニングの実施について適切な事前説明がなされていたかどうかの報告がなく、「ピア・ラーニングとは何をする活動か」という点で教師と学習者、あるいは学習者間でなんらかの齟齬が生じていた可能性は否定できないが、ここでは活動そのものの特性について考察してみたい。

初級の文型学習は、さまざまな日本語学習活動の中でも特に日本語の形式的な側面に焦点が当てられた場面と考えられる。例えば作文と比較すると、作文の場合は日本語の形式的な面で多少問題があっても、読み手の関心をひく内容が書かれていれば、読み手はその内容についてもっと知りたい、という意欲をもつことができる。しかし洪（2008a, b）はテキスト再構築タスクを採用しているため、学習者の関心は「正しい答え」を探ることに向かい、学習者自身の考えを入れる余地が少ない。また、学習者が、ピアとなる相手を自分と同程度（もしくは自分以下）の日本語力しか持たない人と認識した場合、効率よく正しい答えを探すには自分が活動を主導していかねばならない、あるいは、助け合うよりも自分一人で考えた方がよいと判断した可能性もある。

　このことは、日本語学習活動の中に、その具体的な活動の特性から、ピア・ラーニングに適したものとそうでないものとがある可能性を示唆している。また、ある活動ならピア・ラーニングが必ず成功するというわけではなく、その成否はあくまで具体的な相互行為の進行に依存する。ピア・ラーニングの実施にあたっては、ピアの声を「聴く価値がある」と学習者に実感させ、学習者同士を「共通の土俵」（舘岡 2005: 163）にのせるとともに、「楽しく話せた、盛り上がった」にとどまらず、「話し合いでの意味交渉の過程で表れる情報をいかに捉え、そこから生まれてくる言語学習課題をそれぞれがいかに追求できるか」（金 2005: 187）、そして、「＜自己＞＜他者＞＜教室コミュニティ＞を自律的に創造できるような日本語を学習者に獲得させること」（寅丸 2013b: 21）が重要であろう。教師はこれらの課題に留意しつつ、ピア・ラーニングのデザイン・調整・促進を担わなければならない。

6. おわりに

　本稿では成人を対象とした第二言語としての日本語教育の文脈で行われたピア・ラーニング研究を、メタ・エスノグラフィーの方法を用いて再解釈・統合した。その結果、ピア・ラーニングの相互行

為では、相互行為の進行や参加者間の関係性に関する交渉に加え、言語形式や語られる意味内容に関する交渉が行われていることが明らかになった。また、ピア・ラーニングが活性化されるためには、参与者が対等で互恵的な関係性のもとに相互行為に参加するとともに、ピア・ラーニングが参与者それぞれの日本語能力あるいは人間性の向上という大きな目標に合致した活動であることを、参与者自身が認識していなければならない。その意味で、教師には学習者のそれまでの学習経験や学習の目標を考慮しながら教室内の活動をデザインし、相互行為を促進する役割が求められている。

ただし、学習者がピア・ラーニングという新しい学習活動に慣れ、ピアとなる仲間と関係性を構築していくにはある程度の時間が必要となる。すでにいくつかの研究では縦断的な分析が行われているが、時間の経過に伴う学習者の態度や関係性の変化、さらにそれが学習そのものの促進にどのように貢献していくかに関する知見を今後も充実させていくことが求められよう。また、個々の相互行為の分析をより厳密化・精緻化し、ピア・ラーニングにおける相互行為の中で何が交渉され、構築されていくのかについて、発話内容のみならず参与者の振る舞い、および、言語以外の媒介や道具の使用・配置も含め、より微視的な視点で分析していくことも、今後の課題といえる。

質的研究の統合としては、今回は主として文献データベースの検索をもとに対象論文の選定を行ったが、学位論文等も含めた先行研究のさらなる収集と分析が必要である。また質的研究のメタスタディでは、分析の質を担保するために複数の研究者による共同研究が推奨されている（Paterson, et al. 2001）。今回の分析は筆者が単独で行ったが、今後は同様の問題意識をもつ研究者にも協力を依頼し、複数の視点でより多面的な分析ができるよう努めたい。さらに「個」を重視する質的研究をいかに統合するかについては、個々のケースの多様性を重視しつつ再解釈を行う「ポストモダン相対主義（postmodern relativism）」から、個々の違いを捨象し抽象度を上げることで、より普遍的な大きな物語をつくろうとする「根拠に基づく実践の実在論（evidence-based practice realism）」まで、研究

者によってさまざまな立ち位置がある（Sandelowski and Barroso 2007）。本稿が依拠したメタ・エスノグラフィーは、データを構築されたものと捉え、一次研究の新しい解釈を別の研究者が行うことが可能であると考えることによって、個々の一次研究の結果を越えて新たな解釈を生み出すとされる（谷津・濱田 2012: 270）ことから、ポストモダン相対主義に近い立場と考えられる。こうしたメタスタディ内の認識論的な異同についても、今後さらに考察を深めたいと考えている。

＊1 以前から、ある分野の権威となる人物が当該分野の動向や今後の方向性を示す文献レビュー（ナラティブ・レビュー: narrative review）は行われているが、その多くは秩序だった文献選択がなされておらず、追試が困難である（石垣・山本 2008: 354）。
＊2 ただし、質的研究の再解釈・統合を目指す研究の中には、認識論のレベルでかなり異なる前提に立つ研究が混在している。この点については6節で改めて言及する。
＊3 第二言語学習における協働学習の概要については永見（2005）参照。ピア・レスポンスの理論や実践については、池田（2002）、池田・原田（2008）に詳しいレビューがある。また舘岡（2004）、池田・舘岡（2007）はピア・リーディング、ピア・レスポンスの実践を踏まえ、ピアの役割や対話による協働的学習の意義について検討している。
＊4 以下、例としてあげるトランスクリプトの表記方法は下線や鉤括弧等の付け方も含め引用元である各文献に従う。例1の⑨にみられる鉤括弧は、学習者①が資料の一部を読んでいることを示すと考えられる。
＊5 例2における＊は不明瞭な音声、［は同時発話、下線部は大島（2009）の分析において特に焦点を当てた箇所を示す（大島 2009: 18）。
＊6 これらの活動はしばしば、個人学習とピア・ラーニングの効果を比較するという研究的な視点から併置されているようにも見受けられる。また、舘岡（2005）は読解学習における協働的学習の実践例として、多人数クラス全体での話し合いによるピア・リーディングを報告している。

参考文献

Beck, Cheryl T. (2011) Meta-synthesis: Helping qualitative research take its rightful place in the hierarchy of evidence.『看護研究』44 (4), 352–361.

(中木高夫・黒田裕子訳（2011）「メタ・シンセシス─質的研究をエビデンス階層の正しいレベルに位置づけるのに役立つ方法」『看護研究』44（4）：pp.362–379.）

Bennett, Neville and Dunne, Elisabeth (1988) The nature and quality of talk in co-operative classroom groups. *Learning and Instruction*, 1(2): 103–118.

Cooper, Harris M. (1989) *Integrating Research: A Guide for Literature Reviews*. Thousand Oaks: Sage Publications.

Johnson, David W., Johnson, Roger T., and Smith, Karl A. (1991) *Active Learning: Cooperation in the College Classroom*. (1st ed.) Edina: Interaction Book Company.（関田一彦監訳（2005）『学生参加型の大学授業─協同学習への実践ガイド』玉川大学出版部）

Noblit, George W. and Hare, R. Dwight (1988) *Meta-Ethnography: Synthesizing Qualitative Studies*. Newbury Park: Sage Publications.

Paterson, Barbara L., Thorne, Sally E., Canam, Connie and Jillings, Carol (2001) *Meta-Study of Qualitative Health Research: A Practical Guide to Meta-analysis and Meta-synthesis*. Newbury Park: Sage Publications.（石垣和子・宮﨑美砂子・北池正・山本則子監訳（2010）『質的研究のメタスタディ実践ガイド』医学書院）

Riese, Hanne, Samara, Akylina and Lillejord, Sølvi (2012) Peer relations in peer learning. *International Journal of Qualitative Studies in Education*. 25(5), 601–624.

Sandelowski, Margarete and Barroso, Julie (2007) *Handbook for Synthesizing Qualitative Research*. New York: Springer Publishing Company.

池田玲子（2002）「第二言語教育でのピア・レスポンス研究─ESLから日本語教育に向けて」『言語文化と日本語教育─第二言語習得・教育の研究最前線』2002年5月増刊特集号：pp.289–308.

池田玲子・舘岡洋子（2007）『ピア・ラーニング入門─創造的な学びのデザインのために』ひつじ書房

池田玲子・原田三千代（2008）「ピア・レスポンスの現状と今後の課題」『言語文化と日本語教育─第二言語習得・教育の研究最前線』2008年11月増刊特集号：pp.46–83.

石垣和子・山本則子（2008）「なぜいま質的研究のメタ統合が必要か」『看護研究』41（5）：pp.351–357.

石黒広昭（1998）「心理学を実践から遠ざけるもの」佐伯胖・宮崎清孝・佐藤学・石黒広昭『心理学と教育実践の間で』東京大学出版会，pp.103–156.

ヴィゴツキー，L.（柴田義松訳）（2001）『新版　思考と言語』新読書社

ガーゲン，ケネス，J.（東村知子訳）（2004）『あなたへの社会構成主義』ナカニシヤ出版

舘岡洋子（2004）「対話的協働学習の可能性─ピア・リーディングの実践からの検討」『東海大学紀要』pp.37–46. 東海大学留学生教育センター

舘岡洋子（2007）「ピア・ラーニングとは」池田玲子・舘岡洋子『ピア・ラーニング入門─創造的な学びのデザインのために』pp.35–69. ひつじ書房

谷津裕子・濱田真由美（2012）「質的研究の統合─メタ・シンセシスに焦点を

当てて」『看護研究』45（3）：pp.266-274.
永見昌紀（2005）「協働学習を理解する」西口光一（編著）『文化と歴史の中の学習と学習者―日本語教育における社会文化的パースペクティブ』pp. 80-101. 凡人社
本田弘之・岩田一成・義永美央子・渡部倫子（2014）『日本語教育学の歩き方―初学者のための研究ガイド―』大阪大学出版会

資料　メタスタディの対象となったピア・ラーニング研究の一覧

1) 池田玲子（1999）「ピア・レスポンスが可能にすること―中級学習者の場合」『世界の日本語教育』9: pp.29-43.
2) 市嶋典子（2005）「日本語教室活動における「協働」とは何か―「接点」「固有性」をてがかりに」『言語文化教育研究』3: pp.41-59.
3) 岩田夏穂・小笠恵美子（2007）「発話機能から見た留学生と日本人学生のピア・レスポンスの可能性」『日本語教育』133: pp.57-66.
4) 牛窪隆太（2005）「「学習者主体」の教室活動における教師関与―共有化／個人化観点からの一考察」『早稲田大学日本語教育研究』7: pp.41-52.
5) 大島弥生（2009）「語の選択支援の場としてのピア・レスポンスの可能性を考える」『日本語教育』140: pp.15-25.
6) 金孝卿（2005）「協働学習のための活動デザイン―「ピア内省」活動における創発的学習の実態から」『共生時代を生きる日本語教育―言語学博士上野多鶴子先生古稀記念論集』pp183-202. 凡人社
7) 金孝卿（2008）『第二言語としての日本語教室における「ピア内省」活動の研究』ひつじ書房
8) 舘岡洋子（2005）『ひとりで読むことからピア・リーディングへ―日本語学習者の読解過程と対話的協働学習』東海大学出版会
9) 寅丸真澄（2013a）「教室活動における相互行為の質とは何か―学習者の自己認識・他者認識の変容に着目して」『早稲田日本語教育学』14: 1-25.
10) 寅丸真澄（2013b）「教室活動におけることばの学びとは何か―〈自己〉〈他者〉〈教室コミュニティ〉間の意味の協働構築過程に着目して」『早稲田日本語教育学』15: 1-24.
11) 中井好男（2015a）「日本語学習者によるピア・レスポンスにおける教師の支援とスキャフォールディングとしての可能性」『阪大日本語研究』27: pp. 29-57.
12) 中井好男（2015b）「ピア・リスニングにおける中級日本語学習者の学習者オートノミーの促進―ピアの援助や相互作用の観点から」『JALT 日本語教育論集』13: pp.1-19.
13) 原田三千代（2006）「中級日本語作文における学習者の相互支援活動―言語能力の差はピア・レスポンスにとって負の要因か」『世界の日本語教育』16: pp.53-73.
14) 原田三千代（2008）「多言語多文化を背景とした教室活動としてのピア・レスポンスの可能性―「協働性」に着目した活動プロセスの分析」『多言

語多文化―実践と研究』1: pp.27–53.
15) 広瀬和佳子（2004）「ピア・レスポンスは推敲作文にどう反映されるか―マレーシア人中級日本語学習者の場合」『第二言語としての日本語の習得研究』7: pp.60–80.
16) 房賢嬉（2008）「協働的な説明構築―発音ピアモニタリング活動を協働学習たらしめるもの」『人間文化創成科学論叢』10: pp.55–65.
17) 房賢嬉（2010）「韓国人中級日本語学習者を対象とした発音協働学習の試み―発音ピア・モニタリング活動の可能性と課題」『日本語教育』144: pp.157–168.
18) 洪在賢（2008a）「ピア活動における学習者同士の活動参加の様相―活動のコントロールにおける対称性と非対称性に注目して」『筑波応用言語学研究』14: pp.101–114.
19) 洪在賢（2008b）「日本語文型学習のピア・ラーニングにおける学習者同士の学びあい―インターアクションにおける相互性に注目して」『日本語学研究』23: pp.227–247.
20) 横山紀子・福永由佳・森篤嗣・王璐・ショリナ, ダリヤグル（2009）「ピア・リスニングの試み―海外の日本語教育における課題解決の視点から」『日本語教育』141: pp.79–89.

執筆者一覧

五十音順

（＊は編者）

池田佳子（いけだ けいこ）

関西大学国際部教授・国際教育副センター長

主な著書：『コミュニケーションを枠づける―参与・関与の不均衡と多様性』（共著、くろしお出版、2017）、『日本人と日系人の物語―会話分析・ナラティヴ・語られた歴史』（共著、世織書房、2016）

岩田夏穂（いわた なつほ）

政策研究大学院大学政策研究科准教授

主な著書・論文：「学習者のやり取りを記述する方法」（舘岡洋子編『日本語教育のための質的研究入門』第15章、ココ出版、2015）、『にほんご会話上手！―聞き上手・話し上手になるコツ15』（共著、アスク出版、2012）

岡田みさを（おかだ みさを）＊

北星学園大学経済学部教授

主な著書・論文：Embodied interactional competence in boxing practice: Coparticipants' joint accomplishment of a teaching and learning activity. (*Language and Communication* 33, 2013), When the coach is a woman: The situational meanings of so-called masculine directives in a Japanese boxing gym. (In Junko Mori and Amy Snyder Ohta (eds.) *Japanese Applied Linguistics: Discourse and social perspectives*, London: Continuum, 2008)

岡本能里子（おかもと のりこ）

東京国際大学国際関係学部教授

主な著書・論文：「雑談のビジュアルコミュニケーション―LINEチャットの分析を通して」（村田和代・井出里咲子編『雑談の美学』ひつじ書房、2016）、「コミュニケーション能力を超える「能力」とは―マルチリテラシーズにおけるデザイン概念から考える」（片岡邦好・池田佳子編『コミュニケーション能力の

諸相―変移・共創・身体化』ひつじ書房、2012)

初鹿野阿れ（はじかの あれ）

名古屋大学国際教育交流センター特任教授

主な著書・論文：『にほんご会話上手！―聞き上手・話し上手になるコツ15』(共著、アスク出版、2012)、「選ばれていない参加者が発話するとき―もう一人の参加者について言及すること」(共著、『社会言語科学』10 (2)、2008)

服部圭子（はっとり けいこ）

近畿大学生物理工学部准教授

主な著書・論文：「日本人ボランティアへの言語文化的支援の実践の試み―地域日本語ボランティア養成講座を通して」『言語文化教育学の実践―言語文化観をいかに育むか』(共編著、金星堂、2012)、「地域日本語教育からみる国際理解教育の課題―生活のためのことばの視点から」(日本国際理解教育学会編『国際理解教育』16、明石書店、2010)

平田未季（ひらた みき）

秋田大学国際交流センター助教

主な論文：「共同注意確立過程における話し手による指示詞の質的素性の選択」(『語用論研究』18、2017)、「注意概念を用いたソ系の直示用法と非直示用法の統一的分析」(『言語研究』146、2014)

舩橋瑞貴（ふなはし みずき）

群馬大学国際センター講師

主な論文：「注釈挿入における発話構造の有標化―言語形式以外のリソース使用に注目して」(『日本語教育』155、2013)、「注釈挿入の発話構造と言語形式―言語による発話構造の有標化」(『日本語文法』11 (1)、2011)

柳町智治（やなぎまち ともはる）*
　北星学園大学文学部教授
　主な著書・論文：Artifacts, gestures, and dispensable speech: Multimodality in teaching and learning of a biology laboratory technique (Co-authored with Junko Mori. In Koike, D. & Blyth, C. S. (eds.). *Dialogue in Multilingual, Multimodal Communities*. John Benjamins, 2015)、「第二言語話者によるインタラクションへの参加と学習の達成」(『社会言語科学』12(1)、2009)

山本真理（やまもと まり）
　関西学院大学日本語教育センター准教授
　主な論文：「物語の受け手によるセリフ発話―物語の相互行為的達成」(『社会言語科学』16(1)、2013)、「聞き手反応としての「うん／はい」の使い分け―「丁寧さ」とは異なる観点から」(『国立国語研究所論集』10、2016)

義永美央子（よしなが みおこ）
　大阪大学国際教育交流センター教授
　主な著書：『ことばの「やさしさ」とは何か―批判的社会言語学からのアプローチ』(共編著、三元社、2015)、『日本語教育学の歩き方―初学者のための研究ガイド』(共著、大阪大学出版会、2014)

索　引

A-Z

CMC（Computer Mediated Conversation）　78
IT環境　78
LINE　129
MA（main activity）　104, 114, 117, 124
PBL（Project Based Learning）アプローチ　85
SA（side activity）　104, 114, 117, 124, 125

あ

アフォーダンス　83

い

言い直し　112
一連の議論としての統合　155
逸脱　26, 27, 30, 36, 39, 40
逸脱性　37, 38

う

ヴィゴツキー　152

お

お互いの（行動の）モニター　63
音声的な不連続　112
音声の卓立　114, 120, 121
音量の変化　120

か

ガイドされた相互行為　153
会話分析 Conversation Analysis（CA）　26, 44
学習活動　v
カテゴリー　47, 48
カテゴリー表現　54, 71
からかい　25, 26, 27, 39, 40
間主観性（intersubjectivity）　89
緩和　26, 39

き

聞き手への意識　106, 111
既読　132
教師の役割　163
協働　149
協働学習　152
協同学習　152
極端な表現　13
緊張　26, 39

く

グローバル　139

け

形式的構造　140
言語形式と意味に関する交渉　156
言語能力　vii

こ

交渉　156
語断片等の挿入　114, 120
コピュラ文　124
コミュニケーションの総体　113, 125
根拠に基づく実践の実在論　169

さ

最近接発達領域　152
参加／参与の不均衡性　80
参加の組織化のリソース　142
参加の道具としての言葉　140
参加の様相や参加者間の関係に関する交渉　156
参加を組織化するための道具　130
参与者の関係性　162

し

ジェスチャー　110, 115, 116, 119
ジェンダーカテゴリー　47, 48
視覚的なシークエンス　134
志向　v
修正要求　88
人工物　vi
親密さ　26

す

スタンダード　vii
スタンプ　130, 131
スライド　110

せ

セリフ発話　2, 7
全体構造　139

そ

相互行為空間（interaction space）　81
相互行為研究　131
相互行為の管理に関する交渉　156
相互的統合　155

た

第二言語使用　96
対立的統合　155

ち

知識に乏しい　39
知識の有無　33
知識の差　34
知識の不足　40
注釈挿入　103, 104, 122
挑発性　25
挑発的側面　26

つ

「つまり」の併用　121, 122

て

訂正（correction）　55
デザイン　145
デモンストレーション　54

と

同意要求　32, 33, 39, 41
同調　31

に

日本語教育　149
人間教育　167

は

発話情報の構造化　103
発話構造の有標化　119, 123

場面的特性　131
半疑問音調　120

——
ひ

ピア・ラーニング　149
ビジュアルグラマー　145
ビジュアルコミュニケーション　130
ビジュアルコミュニケーションメディア　129
ビジュアルターンテイキング　141
ピッチの変化　120
否定的態度　4, 6
非難　31
評価　49, 70
非流暢性　123

——
ふ

フィラー　110, 121
不平の連鎖（complaint sequence）　2, 5
文体シフト　144

——
ほ

母音の引き延ばし　120
ポーズの挿入　110
ボケ　27
ポストモダン相対主義　169

——
ま

真面目　31, 37
マルチモーダル　81
マルチモード　129
マルチモダリティー　52
マルチリテラシーズ　145

——
め

メタ・エスノグラフィー　149
メタ分析　150
メディアの文法　145

——
も

文字シフト　145

——
や

役割関係　161

——
ゆ

遊戯性　25
遊戯的側面　26
優先性（preference）　6

——
り

理解（understanding）　96
「理解」の表示（display of understanding）　88
理解の立証　20
隣接ペア　135

——
れ

連鎖環境　28, 32
連鎖構造　27

——
ろ

ローカル　139

——
わ

話速の変化　110, 120

ひつじ研究叢書〈言語編〉第136巻
インタラクションと学習
Interaction and Learning
Editied by Tomoharu Yanagimachi and Misao Okada

発行	2017年7月25日　初版1刷
定価	3200円+税
編者	Ⓒ柳町智治・岡田みさを
発行者	松本功
ブックデザイン	白井敬尚形成事務所
組版所	株式会社 ディ・トランスポート
印刷・製本所	株式会社 シナノ
発行所	株式会社 ひつじ書房

〒112-0011　東京都文京区千石2-1-2 大和ビル2階
Tel: 03-5319-4916　Fax: 03-5319-4917
郵便振替 00120-8-142852
toiawase@hituzi.co.jp　http://www.hituzi.co.jp/

ISBN978-4-89476-778-2

造本には充分注意しておりますが、落丁・乱丁などがございましたら、
小社かお買上げ書店にておとりかえいたします。
ご意見、ご感想など、小社までお寄せ下されば幸いです。

刊行のご案内

談話資料　日常生活のことば
現代日本語研究会
遠藤織枝・小林美恵子・佐竹久仁子・髙橋美奈子 編
定価 6,800 円＋税

会話分析の基礎
髙木智世・細田由利・森田笑 著　定価 3,500 円＋税

歴史会話研究入門
イェルク・キリアン 著　細川裕史 訳　定価 4,000 円＋税